LIDERANDO
O FUTURO

MARTHA GABRIEL

LIDERANDO O FUTURO

Visão, estratégia e habilidades

www.dvseditora.com.br

LIDERANDO O FUTURO
Visão, estratégia e habilidades

DVS Editora Ltda. 2023/2024 – Todos os direitos para a língua portuguesa reservados pela Editora.

Nenhuma parte deste livro poderá ser reproduzida, armazenada em sistema de recuperação, ou transmitida por qualquer meio, seja na forma eletrônica, mecânica, fotocopiada, gravada ou qualquer outra, sem a autorização por escrito dos autores e da Editora.

Projeto gráfico e diagramação: Renata Vidal
Revisão: Hellen Suzuki
Capa: Rafael Brum
Ilustrações: Tiago Paulino

```
Dados Internacionais de Catalogação na Publicação (CIP)
       (Câmara Brasileira do Livro, SP, Brasil)

   Gabriel, Martha
      Liderando o futuro : visão, estratégia e
   habilidades / Martha Gabriel. -- São Paulo : DVS
   Editora, 2023.

      Bibliografia
      ISBN 978-65-5695-108-9

      1. Futuro - Perspectivas 2. Gestão de negócios
   3. Habilidades - Desenvolvimento 4. Inovação
   tecnológica 5. Liderança 6. Pensamento crítico
   I. Título.

23-179751                                    CDD-650.13
```

Índices para catálogo sistemático:

1. Liderança : Desenvolvimento pessoal : Administração   650.13

Eliane de Freitas Leite - Bibliotecária - CRB 8/8415

Nota: Muito cuidado e técnica foram empregados na edição deste livro. No entanto, não estamos livres de pequenos erros de digitação, problemas na impressão ou de uma dúvida conceitual. Para qualquer uma dessas hipóteses solicitamos a comunicação ao nosso serviço de atendimento através do e-mail: atendimento@dvseditora.com.br. Só assim poderemos ajudar a esclarecer suas dúvidas.

"O futuro NÃO ESPERA
e NEM PERDOA
a FALTA de PREPARO".

Martha Gabriel

SOBRE A AUTORA

Martha Gabriel é considerada uma das principais pensadoras digitais do Brasil, autora de *best-sellers* como **Marketing na Era Digital, Você, Eu e os Robôs e Inteligência Artificial: do zero ao metaverso.** É também premiada **palestrante** *keynote* internacional, tendo realizado mais de 90 palestras no exterior, além de 8 TEDx, e milhares de palestras keynote no Brasil em eventos como Gartner IT/Xpo Simposyium, RD Summit (Brasil, Bogotá e Mexico City), Ambev, Bradesco, Think Summit IBM, Meta, TIM, Vivo, Oi, Gartner DA (São Paulo e Mexico City), Informa Markets, Abbott, SAP, Cisco, Google, Lumen, entre outros. É curadora (e palestrante) do **Café Filosófico CPFL/TV Cultura** "Futuros Humanos & Humanos Futuros" e palestrante na Temporada 2022 do **Fronteiras do Pensamento**.

Professora da pós-graduação na PUC-SP, no TIDD (Tecnologias da Inteligência e *Design* Digital) e na PUC-RS (MBAs online), atua, também, como professora convidada em diversas ***business schools*** no Brasil, como Insper e Fundação Dom Cabral. Primeira brasileira a fazer parte do *faculty* internacional da CrossKnowledge, empresa líder em capacitação corporativa *on-line* do mundo.

Embaixadora global da **Geek Girls Latin America** no Brasil, entidade de fomento à educação STEM para garotas, visando aumento de equidade.

Executiva e **consultora** nas áreas de *business*, inovação, futurismo e educação, utiliza tecnologia como instrumento de

Transformação Positiva de vidas desde o início de sua carreira, tendo auxiliado grandes corporações em suas jornadas de desenvolvimento.

Futurista pelo IFTF (Institute For The Future, USA); **engenheira** (Unicamp); pós-graduada em **Marketing** (ESPM-SP) e em **Design** (Belas Artes SP); mestre e PhD em Artes (ECA/USP); **Educação Executiva** (MIT, USA); **Conselheira** pelo IBGC (Instituto Brasileiro de Governança Corporativa).

Eterna curiosa, eterna **aprendiz** ;-)

MARTHA GABRIEL
martha.com.br
⊙ in 𝕏 MarthaGabriel

INTRODUÇÃO

Existem basicamente três tipos de indivíduos no mundo: os **ignorantes**, os **desesperados** e os **preparados**. Os primeiros não fazem ideia do que está acontecendo; os segundos percebem o que acontece, mas não sabem como enfrentar; enquanto os últimos aproveitam as oportunidades. Esses grupos trocam de lugar de acordo com o contexto em que se encontram, sendo que uma pessoa ignorante ou desesperada em uma situação pode estar preparada para outra, e vice-versa.

Considerando o cenário atual de transformações tecnológicas aceleradas, é um desafio estar e se manter no grupo dos preparados, pois nós, humanos, não fomos biologicamente configurados para enxergar e lidar com um futuro que não fosse uma continuação linear do passado. Ao contrário, a nossa evolução natural acontece em ritmo lento e não está equipada para mudanças drásticas e aceleradas. Para conseguir evoluir rapidamente neste cenário, nossas estratégias precisam incluir novos instrumentos que expandam a nossa capacidade biológica natural – devemos ampliar nossas competências hackeando a nossa configuração básica orgânica para, assim, conseguirmos enfrentar o ritmo que se impõe ao nosso redor.

Para tanto, precisamos de novos **métodos**, **habilidades** e **tecnologia** na nossa caixa de ferramentas para nos transformar em **preparados** para o futuro, aproveitando as oportunidades na jornada. No entanto, esta, como qualquer outra transformação, requer esforço, demandando **disciplina** para conseguirmos superar as nossas limitações naturais.

Esse livro é sobre isso – nos transformar em preparados para **liderar o futuro**, de forma estratégica, atuando em três dimensões complementares: a) ampliação da **visão**; b) aquisição de conhecimentos e metodologias que nos permitam desenvolver **estratégias** para traçar e pavimentar esse caminho; e c) desenvolvimento das competências e **habilidades** necessárias.

Assim, dividimos os capítulos em três partes: a primeira foca a visão, a segunda a estratégia, e a terceira as habilidades para o futuro.

No entanto, na Parte III, apesar de apresentarmos e discutirmos todas as habilidades essenciais, optamos por nos aprofundar apenas em duas delas — o **pensamento crítico** e a **resiliência** —, pois, além de serem bases estruturais para todas as outras, são também as que mais carecem de literatura aplicada na prática em negócios. Dedicamos, portanto, um capítulo para cada uma delas. Devido à grande complexidade e multiplicidade do cenário tecnológico atual, seria impossível tratar devidamente a habilidade de **destreza tecnológica** em apenas um capítulo – portanto, escrevi dois outros livros para o letramento em tecnologias emergentes, que complementam e completam a discussão estratégica que trazemos aqui: os *best-sellers* ***Você, Eu e os Robôs*** e ***Inteligência Artificial: do zero ao metaverso***.

Finalmente, em sintonia com o *zeitgeist* da nossa era, objetividade e velocidade são atributos cada vez mais valorizados nas nossas vidas. Por isso, procuro oferecer nos meus livros o menor número de páginas e na linguagem mais simples e objetiva possível. Assim, desejo a você uma boa leitura, e espero que ela te ajude a **liderar o seu futuro**.

Martha Gabriel

SUMÁRIO

SOBRE A AUTORA..7

INTRODUÇÃO..9

CAPÍTULO 1
VENCENDO AS REVOLUÇÕES TECNOLÓGICAS....15

CAPÍTULO 2
LIDERANDO O FUTURO 21

PARTE I :: VISÃO DE FUTUROS E DE PRESENTE

CAPÍTULO 3
PARADIGMAS FLUIDOS......................................37

CAPÍTULO 4
FUTURISMO 57

PARTE II :: ESTRATÉGIA

CAPÍTULO 5
ESTRATÉGIAS: DAS GUERRAS À INOVAÇÃO........77

CAPÍTULO 6
INOVAÇÃO EM AÇÃO 89

PARTE III :: HABILIDADES PARA O FUTURO

CAPÍTULO 7
FUTURE READY SKILLS.................................. 123

CAPÍTULO 8
PENSAMENTO CRÍTICO................................. 155

CAPÍTULO 9
PENSANDO CRITICAMENTE 169

CAPÍTULO 10
FUTURE READY INDEX................................... 217

CAPÍTULO 1 | VENCENDO AS REVOLUÇÕES TECNOLÓGICAS

Se existe algo inequívoco que a história nos ensinou sobre revoluções tecnológicas é que elas sempre trazem consigo, simultaneamente, bênçãos e maldições. Como consequência, esses períodos geram um aumento de **complexidade** que tende a nos cegar e paralisar em seus meandros causando um fenômeno social de **desorientação** – o deslocamento cognitivo decorrente do redemoinho de transformações que se apresentam ora como ameaças, ora como oportunidades, dificulta que se consiga extrair sentido e direcionamento para agir e dar o próximo passo para o futuro.

Nesses contextos, a dissonância cognitiva que experimentamos entre **aquilo que se sabe** e **aquilo que é preciso saber**, entre o **conhecido** e o **estranho**, entre a **clareza** e a **confusão**, com frequência provoca uma sensação de **despreparo**, **impotência** e, consequentemente, **paralização**. Esse processo tende a tornar aqueles que o experimentam ainda mais vulneráveis aos impactos das transformações, aumentando, portanto, o desafio de viver e prosperar no ritmo da mudança imposta.

Nesse sentido, o cenário torna-se extremamente **favorável** para aqueles que, apesar das dificuldades, não se perdem, mas ao contrário conseguem **compreender o novo paradigma** que se estabelece, se habilitando, assim, tanto para aproveitar as oportunidades quanto para se defender das ameaças que se apresentam. Emergem, assim, os preparados, verdadeiros **vencedores das revoluções tecnológicas** – aqueles que as entendem e conseguem enxergar como extrair valor das mudanças de paradigma. Note-se que estes não são necessariamente os indivíduos e as organizações que as criam ou fomentam, mas aqueles que **evoluem com elas**.

APRENDENDO AS REGRAS DO JOGO

Fica claro, portanto, que o primeiro passo para se conseguir navegar qualquer revolução tecnológica é **entender** as **mudanças de paradigmas** causadas pelos seus impactos e transformações. Em outras palavras, para podermos jogar o jogo do novo paradigma, é necessário antes **aprender as novas regras** para, aí sim, podermos atuar com sucesso.

Para ilustrar a importância de se conhecer as regras do jogo, imagine que você coloque uma banana e um monte de dinheiro na frente de um macaco – ele, provavelmente, escolherá sempre a banana em vez do dinheiro, pois ele não conhece as regras do jogo do paradigma monetário, que permitem que o dinheiro compre um monte de bananas. Assim, **aqueles que não conhecem as regras do jogo não conseguem enxergar onde estão as verdadeiras riquezas e oportunidades**.

Outro problema ainda mais grave decorrente de não se conhecer as regras do jogo é não conseguir enxergar perigos, o que nos torna mais **vulneráveis** a **golpes e ameaças**. Um caso verídico sobre como as pessoas ficam mais suscetíveis a tomar decisões prejudiciais, em períodos de grandes transformações, por não entenderem o que está acontecendo, é o Golpe de Poyais[1], reportado no episódio "Get Rich" (Enriqueça) – figura 1.1 – da série documental *Money, Explained* (*Explicando... Dinheiro*), da Netflix. No início do século XIX, a Inglaterra vivia um período de bonança econômica após as Guerras Napoleônicas, mas os investimentos tradicionais britânicos estavam com retornos baixos. A atenção dos investidores se voltou, então, para a América do Sul (que significava toda a América Latina de hoje), onde vários países ganhavam independência da Europa e os novos governos ofereciam títulos com retornos altos. Isso deu origem a uma bolha de investimentos nesses países na década de 1820, e investidores que não sabiam nada sobre o funcionamento dos novos países na América começaram uma corrida de investimentos, criando um intenso mercado de compra e revenda de títulos. Nesse contexto, em 1823, o vigarista Gregor McGregor, que já havia viajado para a região, inventou um país – o Território de Poyais –, supostamente um paraíso na América Central, onde ele teria adquirido títulos e terras, que passou a vender na Europa. Centenas de britânicos caíram no golpe trocando suas economias de toda a vida por terras e dinheiro poyasiano e embarcaram em navegações para a América Central, para se depararem na chegada com bambus e terras de outros proprietários em outros países.

Figura 1.1 – Imagem do episódio "Enriqueça" da série Netflix *Explicando... Dinheiro*, disponível pelo QRcode acima ou em https://www.netflix.com/title/81345769.

---

[1] https://thehustle.co/the-con-artist-who-sold-rich-investors-a-fake-country/

Por mais triste que seja esse tipo de história, infelizmente ela inevitavelmente se repete a cada mudança de paradigma. Primeiro surge o **hype** sobre alguma novidade fantástica. Como consequência, as **manchetes** se voltam para aquilo, o **interesse** se intensifica, a mídia é inundada por **notícias** de pessoas e empresas de sucesso que conseguiram **lucros extraordinários** em pouco tempo. Na sequência acontece a **bolha** decorrente da **corrida** de investimentos naquilo, até o momento em que golpes e/ou investimentos equivocados começam a repercutir, causando o **estouro da bolha**.

Esse processo soa familiar em diversos momentos na nossa história recente, certo? Alguns exemplos de bolhas que vimos surgir nesse século apenas: **internet, Second Life, criptomoedas, start-ups, metaverso, NFT** e, mais recentemente, **inteligência artificial**. Bolhas causam prejuízos, no entanto causam também a depuração e o amadurecimento de uma nova **tendência**. Por isso, bolhas são fenômenos importantes, pois, por pior que possam parecer, na realidade, elas são um processo natural de evolução de tendências. No caso de Poyais, apesar do golpe, a tendência da ascensão da América era real e gerou oportunidades extraordinárias para aqueles que navegaram o hype enxergando o seu verdadeiro potencial. O mesmo aconteceu (e continua acontecendo) com as demais bolhas mais recentes – internet, metaverso, NFTs, criptomoedas etc. representam tendências importantes, que estão reestruturando a sociedade e que geram oportunidades para os que as entendem e se tornam ameaças para os que não.

Assim, podemos apontar algumas características comuns nesses períodos de mudanças de paradigmas:

- Hypes – o hype é um **sinal** de que uma transformação significativa está acontecendo ou por acontecer. Mesmo repletos de limitações, com informações difusas e confusão, hypes funcionam como a fumaça indicando que em algum lugar tem fogo.

Assim, os hypes devem ser tratados como sinais de alerta, e não verdades absolutas.

- **DESINFORMAÇÃO E CONFUSÃO** – o hype gera grande repercussão, inundando a comunicação com notícias e opiniões que, muitas vezes, são enviesadas ou equivocadas. Esse ruído causa dificuldade de separar as informações corretas das especulações e opiniões, demandando um esforço maior para entender o que acontece.

- **ASCENSÃO DE GOLPES E FALSOS GURUS** – o hype combinado com a confusão informacional traz ansiedade, fazendo com que as pessoas tendam a buscar soluções rápidas e fáceis para aliviá-la. Isso as torna mais suscetíveis a acreditarem em ofertas e informações reconfortantes – em outras palavras, passam a preferir mentiras confortáveis a verdades inconvenientes. Isso abre espaço para golpistas bem-informados que se aproveitam dessa vulnerabilidade.

NOVOS PARADIGMAS, NOVAS ESTRATÉGIAS

Enfrentar hypes, bolhas, desconforto, ameaças e buscar novas oportunidades fazem parte de qualquer revolução tecnológica, sendo sempre um processo desafiador, pois demanda um grande esforço não apenas de **compreensão**, mas também, e talvez principalmente, de transformação para **adaptação** às novas regras que se estabelecem.

No entanto, se isso já era difícil nas revoluções anteriores, agora o desafio é muito maior, pois vivemos a **mais acelerada revolução tecnológica** da nossa evolução[2] – se antes enfrentávamos no máximo uma revolução tecnológica ao longo da nossa vida, hoje precisamos vencer várias, e provavelmente serão cada vez mais complexas.

---

2 Revolução cognitiva, caracterizada pela ascensão das tecnologias inteligentes, a partir de 2010, como continuidade da revolução digital que se iniciou no final do século passado.

A velocidade de evolução tecnológica atual é tão alta que a mudança das regras do jogo tende a acontecer de forma frequente e acelerada, transformando os paradigmas em um fluxo contínuo de mudanças de regras. Esses **paradigmas fluidos** precisam ser analisados, compreendidos e considerados **estrategicamente** para que consigamos enfrentar e vencer a revolução tecnológica atual e todas as outras que ainda estão por vir.

Para tanto, discutiremos no próximo capítulo os impactos decorrentes desse fluxo contínuo de mudanças e como isso transforma as estratégias que precisamos desenvolver para liderar o nosso caminho para o futuro.

CAPÍTULO 2 | LIDERANDO O FUTURO

Quando a sigla VUCA foi cunhada no final do século XX, talvez a maior contribuição estratégica que ela tenha trazido para os negócios seja a **certeza da incerteza**. Em outras palavras, a percepção de que o mundo estava mais volátil, incerto, complexo e ambíguo disseminou a consciência sobre a **imprevisibilidade** que se instaurava.

De lá para cá, a aceleração tecnológica vem gradativamente agravando a situação, contribuindo para o aumento contínuo e considerável do **grau de incerteza** e, consequentemente, a **opacidade do futuro**, como discutido nos capítulos anteriores. Esse processo vem colocando em xeque diversos aprendizados e práticas tradicionais de gestão estratégica de negócios, especialmente o planejamento. Vejamos.

PREVISIBILIDADE & PLANEJAMENTO

Planejar é *o processo de **definir metas para o futuro**, determinando os recursos necessários para alcançá-las*. Assim, o planejamento é um exercício de **previsão** para **antecipar ações**. Nesse sentido, quanto menor o ritmo de mudança de um ambiente, menor tende a ser o seu grau de incerteza, aumentando, portanto, a sua previsibilidade e facilitando o planejamento. Esse foi o contexto em que as principais teorias e estratégias de planejamento e gestão de negócios surgiram – mudança lenta, alto grau de previsibilidade para planejar. Portanto, o **planejamento tradicional** se estabeleceu como uma **forma estratégica de navegar o futuro** que funciona quando o futuro acontece como previsto, ou, em outras palavras, em ambientes com **baixo grau de incerteza** sobre o futuro. Por isso, nesses contextos, o planejamento tradicional tende a ser uma estratégia eficiente.

Assim, quanto mais e melhor se consegue "prever" o futuro, mais fácil se torna planejar e maiores são as chances de um planejamento tradicional ser bem-sucedido.

Um exemplo desse tipo de contexto são **viagens**, pois, normalmente, viajar nos permite **controlar** a maior parte das suas variáveis futuras — datas de saída e chegada, meio de transporte, compra antecipada de tickets, reserva de hotéis, que tipos de atividades vamos fazer, nossos companheiros de jornada etc. A incerteza normalmente é pequena e fica por conta do clima e eventuais inconvenientes, que tendem a afetar pouco os planos. Por isso, planejar da forma tradicional é uma estratégia que frequentemente funciona bem para viagens.

IMPREVISIBILIDADE & PREPARO – ESTRATÉGIAS DA INCERTEZA

Por outro lado, em ambientes com **alto grau de incerteza**, o planejamento tradicional tende a não funcionar, pois nesses contextos o futuro torna-se **imprevisível**, impossibilitando, assim, a antecipação de ações certeiras. Esse é o caso, por exemplo, dos ambientes de **esportes**: as variáveis são tantas e incertas, que nem mesmo o melhor jogador ou atleta do mundo consegue prever ou controlar o que vai acontecer – condições climáticas, estado emocional, vulnerabilidades físicas, condições da quadra/pistas, estado do(s) adversário(s), e muitas outras mais, dependendo da modalidade do esporte/jogo. Nesse tipo de contexto, é impossível antecipar o futuro, e, portanto, a melhor forma de atuar não é o planejamento tradicional, mas com **estratégias que considerem o a incerteza**. Assim, ao invés de tentar prever o futuro, os esportistas **avaliam os cenários possíveis e mais prováveis** de acontecerem, e se **preparam** para eles. Isso é o que todo atleta de alta performance faz — analisa cenários para cada jogo ou competição futura e treina para estar preparado e tomar decisões em tempo real para enfrentar os desafios e vencer.

Portanto, quando o **grau de incerteza** é alto, conseguir **enxergar cenários** e se **preparar** para tomar as melhores decisões em tempo real quando eles acontecem passam a ser os principais **diferenciais estratégicos**. Nesse contexto, a certeza dá lugar aos **cenários**; o controle de eventos dá lugar ao **preparo**; e a previsão, portanto, dá lugar às **estratégias da incerteza**.

DE VIAGEM PARA JOGO

Nesse sentido, considerando o **aumento do grau de incerteza** no mundo nas últimas décadas, podemos dizer que, a partir do "momento VUCA", os ambientes de negócios foram gradativamente deixando de ser viagem e tornando-se esporte/jogo.

Desde essa "virada", o planejamento tradicional, que era a espinha dorsal estratégica do sucesso, passa a funcionar cada vez menos, dando espaço para o surgimento e ascensão de novas formas estratégicas para navegar a incerteza. Não é por acaso que as **metodologias ágeis** começaram a se popularizar na área de desenvolvimento de software em 2001, migrando em seguida para outros setores e campos estratégicos, como manufatura, gestão, marketing etc. Logicamente, em um primeiro momento, a **agilidade** foi o caminho natural para enfrentar a incerteza – uma associação da diminuição dos períodos de planejamento (para encurtar a imprevisibilidade do futuro) e a incorporação de metodologias que flexibilizassem rapidamente a estratégia e a execução. Assim, o planejamento foi se tornando ágil para dar conta do aumento da imprevisibilidade do ambiente de cada setor. Nesse sentido, o foco do planejamento foi passando **do detalhe para a agilidade** – pois não adianta planejar detalhes do que provavelmente não acontecerá, tendo a consciência de que as coisas mudarão cada vez mais rapidamente e teremos cada vez menos tempo para reagir às mudanças.

No entanto, apesar de o **planejamento ágil ser fundamental para o sucesso dos negócios em ambientes incertos, ele não é suficiente**: é necessário também a habilidade de traçar cenários futuros, ou seja, visão e preparo adequado para enfrentar futuros incertos. Agilidade sem **visão** tende a nos levar mais rapidamente para caminhos errados e/ou desperdiça recursos por falta de alinhamento de ações; agilidade sem **preparo** não consegue realizar a ação necessária ou não desempenha a melhor performance.

Nesse sentido, além de agilidade, o planejamento em ambientes com grau crescente de incerteza precisa de estratégias que aliem visão e preparo, cada vez mais parecidas com as usadas em esportes – as **estratégias da incerteza**.

ESTRATÉGIAS DA INCERTEZA

Portanto, para vencer a incerteza, é necessário:

1) Visão de Futuros – para conseguir enxergar os possíveis cenários futuros, de forma a nortear o desenvolvimento das melhores estratégias de atuação no presente.

2) Preparo no Presente – para avaliar cada situação no presente e agir rapidamente em cada momento na direção estratégica estabelecida pela visão de futuros. Para tanto, é necessário treinar, e muito, para desenvolver as habilidades necessárias para agir em cada cenário possível traçado estrategicamente. Além disso, o preparo deve ser ajustado para cada "jogo", pois além de cada "jogo" ser diferente, o "atleta/jogador" também se transforma ao longo do tempo, de um jogo para outro. Portanto, o preparo de ontem pode não ser suficiente para o "jogo" de amanhã, ou, em outras palavras, o preparo nunca tem fim!

Note-se que apesar de visão e preparo serem fundamentais, eles precisam ser orquestrados adequadamente para resultar em uma estratégia de liderança em ambientes de incerteza. A visão coloca o foco no futuro, enquanto a execução foca o presente. Isso gera demandas distintas, e muitas vezes conflitantes, que competem por recursos. Muito foco no futuro e pouco no presente pode gerar muito sonho, mas poucos resultados; muito foco no presente e pouco no futuro pode gerar muito movimento, mas, também, poucos resultados. Portanto, da capacidade de orquestração dessas demandas criadas simultaneamente pela visão e pelo preparo, resultam diferentes estratégias de atuação e performance.

VISÃO, EXECUÇÃO & ESTRATÉGIAS

Mapeando as possíveis relações entre as capacidades de visão e execução (preparo) de um indivíduo ou organização, a metodologia do Quadrante Mágico do Gartner[3] determina quatro posicionamentos estratégicos principais: os players de nicho, os desafiadores, os visionários e os líderes (figura 2.1).

---

[3] Ver detalhes sobre a metodologia em: https://www.gartner.com/en/research/methodologies/magic-quadrants-research

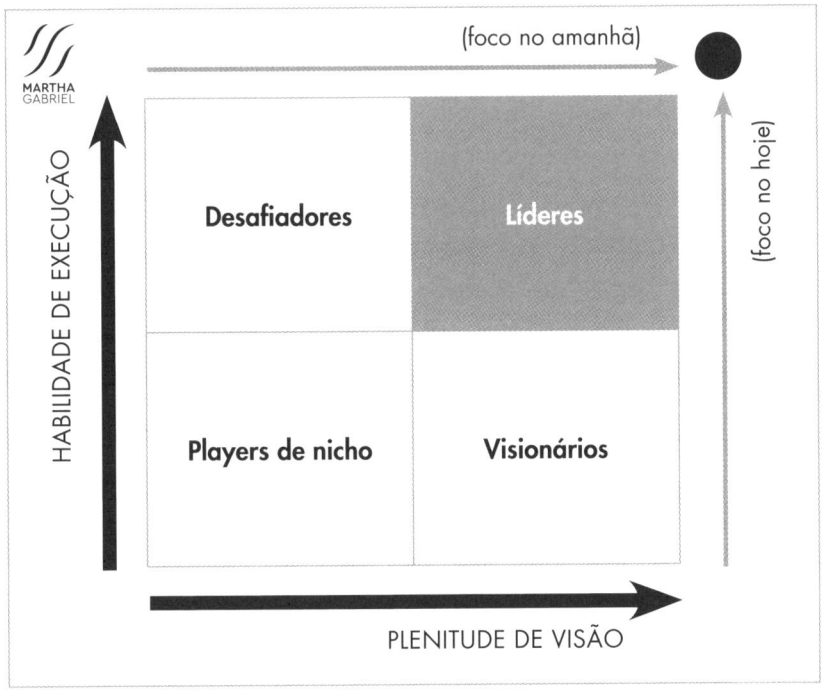

Figura 2.1 – Imagem representativa da metodologia do Quadrante Mágico do Gartner, que mapeia o cruzamento das competências de uma organização para conciliar a capacidade de visão (eixo horizontal) com a de execução (eixo vertical). Fonte: imagem adaptada pela autora com os eixos de foco.

- **PLAYERS DE NICHO** (visão **limitada**/habilidade **limitada** de execução) – são aqueles que focam com sucesso em apenas um pequeno segmento ou não têm foco e não conseguem competir.

- **DESAFIADORES** (visão **limitada**/habilidade **ampla** de execução) – executam bem hoje ou podem até dominar um segmento grande, mas não compreendem ainda a direção do mercado.

- **VISIONÁRIOS** (visão **ampla**/habilidade **limitada** de execução) – compreendem para onde o mercado está indo ou têm uma visão para mudar as regras do mercado, mas não conseguem ainda executar bem.

- **LÍDERES** (visão **ampla**/habilidade **ampla** de execução) – executam bem hoje e estão bem posicionados para o futuro.

Portanto, para liderar, é necessário se posicionar no quadrante superior direito, conseguindo desenvolver uma alta competência tanto de visão quanto de execução, para orquestrá-las de forma a executar a estratégia de hoje simultaneamente com o desenvolvimento da estratégia do amanhã. Essa competência de orquestração entre futuro e presente é denominada ambidestria estratégica[4].

Nesse sentido, quanto maiores forem as capacidades de **visão** e **execução** de um indivíduo ou organização, melhor estará posicionado para **liderar**. Quanto maior for a sua **ambidestria**, maior será o seu potencial de liderar mais longe no futuro.

LIDERANDO O FUTURO

Assim, para **liderar o futuro**, é preciso desenvolver as competências necessárias e adquirir instrumentos que permitam ampliar a visão, as habilidades de execução e a capacidade de ambidestria para traçar estratégias – estes são os pilares fundamentais para nos tornar preparados para futuro, e as organizações ou indivíduos que conseguem se habilitar dessa forma são conhecidos como *Future Ready* ou *Future Proof*. Apesar de esses termos serem frequentemente usados como sinônimos, optamos aqui por "future ready" (pronto para o futuro), pois acreditamos que seja mais indicativo de um estado **ativo**, enquanto "future proof" (à prova de futuro) esteja mais associado a um estado **defensivo**. Adotaremos, portanto, "future ready".

---

4 O termo "ambidestria corporativa" surgiu em 2004, dividido em dois tipos: estrutural e contextual. Aqui, usamos o termos ambidestria estratégica para se referir à ambidestria contextual, em que os indivíduos realizam escolhas entre ações de alinhamento com o futuro ou de adaptação ao presente, no contexto do seu dia a dia. Para mais detalhes, ver: https://sloanreview.mit.edu/article/building-ambidexterity-into-an-organization/

FUTURE READY INDEX (FRI)

Para facilitar a mensuração do estado de preparo para o futuro, criamos um índice para avaliar o impacto da combinação da visão, execução e ambidestria no estado de *Future Ready*: o *Future Ready Index* (FRI).

De uma forma geral, o FRI é um indicador do quanto um indivíduo ou organização está posicionado para o futuro em função das suas competências de visão, execução e ambidestria. Considerando que o preparo para qualquer coisa pode variar de zero (sem preparo) a 100% (preparado máximo possível), podemos definir o FRI como:

Future Ready index (FRI %) = [**ambidestria** (**visão** + **execução**)/2] × 100

Onde: 0 < ambidestria > 1
0 < visão > 1
0 < execução > 1

Note-se que, por maior que seja a visão e a execução, se ambidestria for zero (capacidade nula), resulta em **FRI zero**. Por outro lado, por maior que seja a ambidestria, basta que uma das outras capacidades – visão ou execução – seja baixa para resultar em um FRI baixo. A figura 2.2 ilustra graficamente como a ambidestria afeta o FRI, ampliando ou reduzindo o potencial (representado pelos quadrados) de combinação entre visão e execução.

Portanto, para um indivíduo ou organização atuar no presente se posicionando adequadamente para o futuro, é necessário adquirir competência nas três variáveis, e quanto maiores forem essas competências, maior tende a ser o FRI, e, consequentemente, mais bem posicionado estará para o futuro.

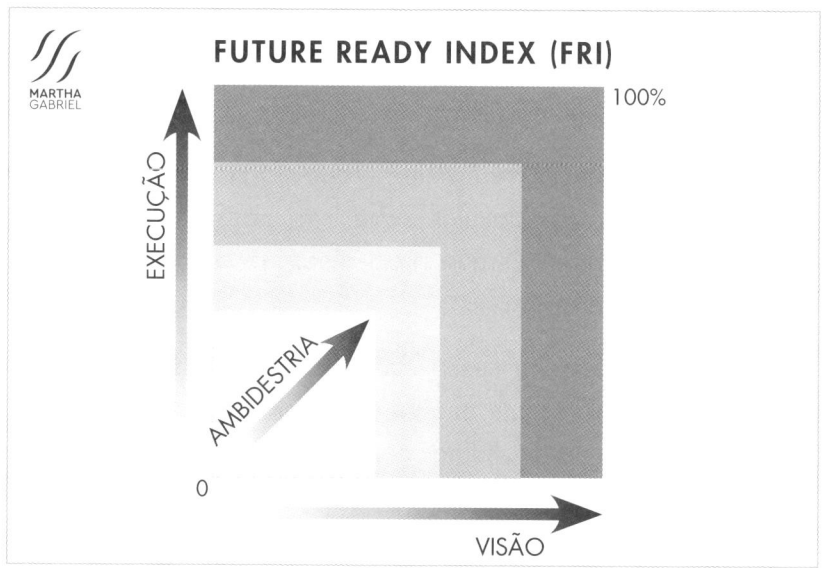

Figura 2.2 – Imagem representativa da metodologia do Quadrante Mágico do Gartner, que mapeia o cruzamento das competências de uma organização para conciliar a capacidade de visão (eixo horizontal) com a de execução (eixo vertical). Fonte: imagem adaptada pela autora com os eixos de foco.

TORNANDO-SE *FUTURE READY*

A mudança de *mindset* de planejamento tradicional para *future ready* não é um processo fácil ou simples para nós, humanos – muito pelo contrário. Apesar de a mentalidade de "estar preparado para a incerteza, desenvolver as habilidades necessárias para lidar com isso e agir de forma ágil" se fazer cada vez mais necessária, isso requer esforço contínuo e mudança de cultura. Fomos educados para **reagir** ao invés de **antecipar**, **repetir** ao invés de **criar**, e **responder** ao invés de **perguntar**.

Assim, para desenvolver as habilidades que nos tornem *future ready*, precisamos nos transformar e realizar o esforço para desenvolver o mais rapidamente possível as competências estratégicas necessárias – visão, execução e ambidestria – deixando de reagir, repetir e responder, e aprendendo a antecipar, criar e perguntar. É uma mudança e tanto, e representa um dos maiores desafios atuais para organizações e indivíduos.

Como o futuro não espera e nem perdoa a falta de preparo, dedicaremos os demais capítulos deste livro para as disciplinas e habilidades fundamentais que precisamos desenvolver para nos tornarmos *future ready*:

- **Visão** – para ampliar nossa visão estratégica, precisamos enxergar tanto o presente quanto os cenários futuros. Para isso, lançamos mão de disciplinas como futurismo e estudos de tendências, e instrumentos de análise para conseguirmos enxergar mudanças de paradigmas. A Parte I deste livro, a seguir, é dedicada para isso.

- **Estratégia** – para conseguirmos desenvolver planos com ambidestria, conciliando estrategicamente as visões de presente e futuros, precisamos dominar a arte da estratégia, assunto que será abordado na Parte II.

- **Habilidades para o Futuro** – inúmeras disciplinas e habilidades são necessárias para se conseguir agir com sucesso no presente e estar, ao mesmo tempo, preparado para o futuro. A Parte III deste livro se ocupará de discutir essas habilidades essenciais, conhecidas como **Future Ready Skills**.

CALCULANDO O SEU FRI

Para obter o seu FRI – indivíduo ou organização –, é necessário que você se autoavalie para determinar cada variável que o compõe o índice: visão, execução e ambidestria. Para tanto, podemos calcular essas variáveis assim:

- **Visão** = (F + P)/2 , sendo F a competência na habilidade de enxergar e traçar cenários futuros (0 a 1), e P, a competência na habilidade de enxergar as mudanças de paradigmas e regras do jogo no presente (0 a 1). Veremos F e P na Parte I, a seguir.

- **Ambidestria** = competência na habilidade de traçar estratégias de inovação (assunto da Parte II).

- **Execução** = soma das competências em cada uma das habilidades discutidas na Parte III, dividida pelo número de habilidades[5]. Cada competência varia de 0 a 1, de forma que a execução resultará também em um valor entre 0 e 1.

Logicamente, para realizar o cálculo, você deverá estimar o quanto está preparado em cada competência. O ideal é isso seja feito tanto **antes** quanto **depois** da leitura de cada capítulo, permitindo uma análise comparativa da sua transformação ao longo do livro.

Você perceberá que as suas estimativas de competência realizadas antes de cada capítulo provavelmente não consideraram inúmeros aspectos que você terá percebido somente após a leitura, e ainda outros mais após ler outros capítulos. Por isso, o exercício de avaliar as competências antes e depois de cada capítulo é um exercício contínuo de **autoconhecimento**, que é uma competência valiosa para direcionar os esforços de aprendizagem na direção das melhorias necessárias para o futuro.

Finalmente, é importante ressaltar que o FRI funciona mais como um guia de autoavaliação para orientar o aprendizado contínuo visando alcançar o melhor **posicionamento** possível em *Future Ready*, do que um indicador de performance.

---

[5] Estamos considerando aqui que todas as habilidades possuem peso igual. No entanto, na realidade, algumas competências são dependentes de outras, como é o caso da criatividade, resiliência, agilidade etc., que devem ser orientadas pelo pensamento crítico. Assim, eu sugeriria que o pensamento crítico tivesse peso maior nas avaliações.

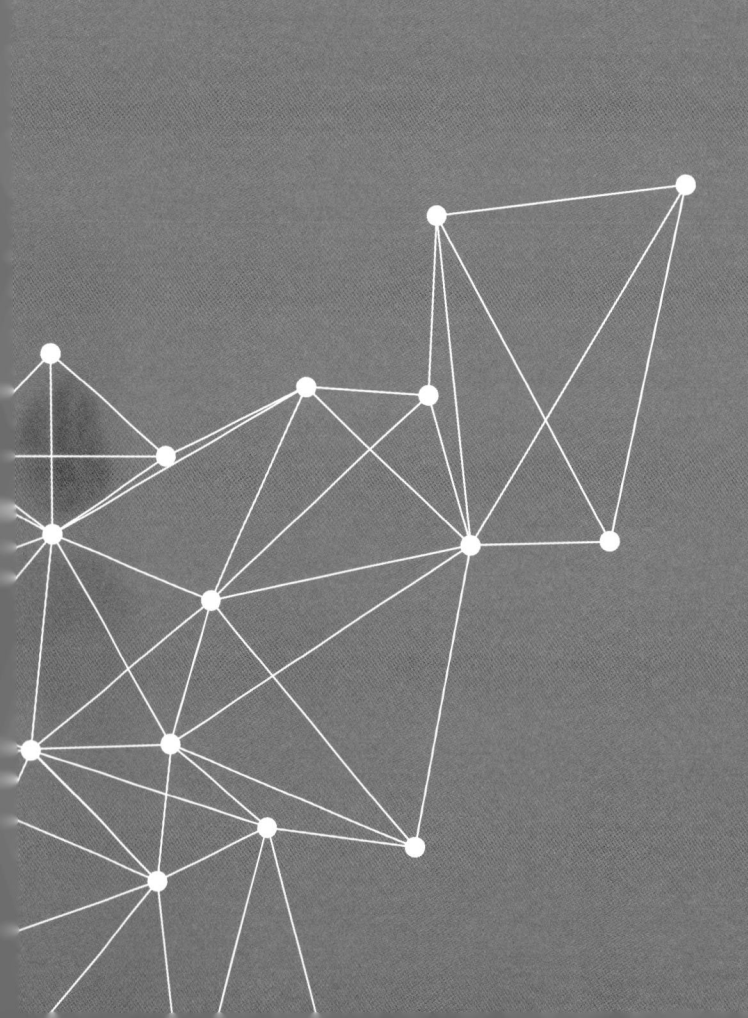

PARTE I

VISÃO
DE FUTUROS
E DE PRESENTE

O **presente** e o **futuro** formam um *continuum* **simbiótico** que se desenvolve entre a **visão** e a **ação**, em uma dança acelerada em que se afetam e transformam mutuamente, evoluindo constantemente.

Nesse processo, é bastante óbvio perceber que o **presente cria o futuro**, pois as ações no presente determinam os acontecimentos do amanhã. No entanto, enxergar que **o futuro também cria o presente** requer um pouco mais de atenção: as visões que temos sobre o futuro **influenciam a tomada de decisão** e, portanto, as ações no presente, que por sua vez criam o futuro (figura I-1).

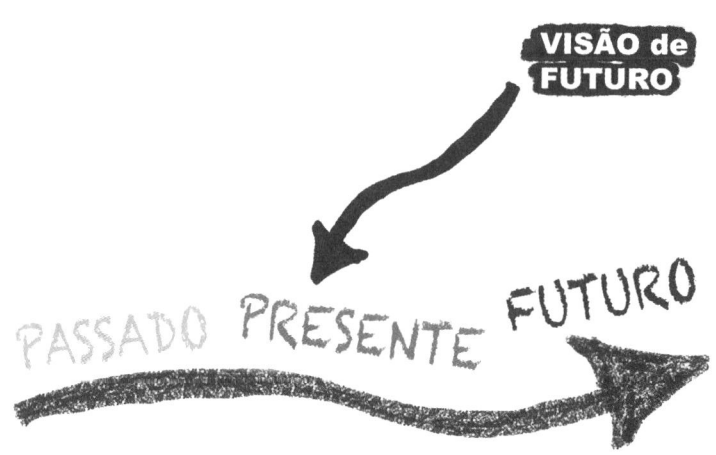

Figura I.1 – Imagem do *continuum* presente-futuro.

Por exemplo, um livro que eu escolho para ler hoje tende a influenciar minhas ações que criarão o meu futuro. No entanto, a minha visão sobre aquilo que desejo alcançar no futuro – por exemplo, me tornar uma engenheira, uma enóloga ou uma professora – também influencia os livros que vou escolher para ler no presente e que, por sua vez, criarão o futuro. Assim, presente e futuro criar um ciclo de retroalimentação mútua.

É importante observar, portanto, que, de forma consciente ou não, essa dança entre a nossa visão e a nossa ação cria não apenas o nosso futuro, mas também o nosso **legado** – aquilo que transmitimos a quem vem a seguir. Nesse sentido, o *continuum* entre presentes e futuros gera impactos nas vidas de outras pessoas, fazendo com que as questões de futuros sejam também questões de **sustentabilidade** e, consequentemente, **responsabilidade**.

O nosso legado sempre existirá, e para gerarmos, ao mesmo tempo, um futuro positivo para nós e um legado positivo à frente, precisamos de **visão que seja, ao mesmo tempo, ousada e sustentável**, e de **ação que seja estratégica e, simultaneamente, responsável**. Assim, o futuro depende tanto da competência de **enxergar** cenários quanto da decisão de **escolher** a visão de futuro que desejamos **realizar**.

Nesta Parte I do livro, vamos discutir como ampliar a nossa **visão** para, posteriormente, podermos focar em estratégias e habilidades para execução. Como o futuro começa no presente, consequentemente, a visão de futuros também precisa começar no agora. Portanto, esta parte está dividida em dois capítulos, iniciando com foco no presente, passando para a visão de futuros:

CAPÍTULO 3 – **Paradigmas Fluidos** (visão do presente)

CAPÍTULO 4 – **Futurismo** (visão de futuros)

Vamos a eles.

CAPÍTULO 3 | PARADIGMAS FLUIDOS

"Futuros acelerados, paradigmas fluidos."
MARTHA GABRIEL

No primeiro capítulo, discutimos a importância de enxergar a mudança do jogo e aprender as novas regras – essa capacidade se traduz como a habilidade de identificar os paradigmas que nos regem e as suas transformações ao longo do tempo.

Para tanto, precisamos conhecer a anatomia de um paradigma para, então, compreender o seu processo de mudança.

PARADIGMAS

Paradigmas são um conjunto de regras que nos possibilitam experimentar o mundo e estão em tudo ao nosso redor. Uma analogia didática para compreender paradigmas é imaginar o uso de uns óculos com lentes coloridas: dependendo da cor das lentes, tudo o que você vê estará pintado daquela cor. Um paradigma funciona da mesma forma: ele é um modo particular de olhar e compreender algo.

As regras que estabelecem um paradigma são regidas por modelos, crenças e padrões. Os **modelos** são **estruturas** que fornecem ao paradigma a base para se entender algo, por exemplo, a armação e a forma física dos óculos que seguram as lentes – eles determinam a estrutura ou modelo de visão. As **crenças** são **conceitos** estabelecidos pelo paradigma, como assumir que tudo no mundo é azul quando os óculos possuem lentes azuis. Os **padrões** são comportamentos sociais ou culturais decorrentes do paradigma – no exemplo dos óculos, conforme mais pessoas começam a usar lentes vermelhas, elas passam a ver e fazer as coisas de formas similares. Assim, todo paradigma a) é baseado em modelos ou estruturas; b) traz o próprio conjunto de crenças ou suposições sobre o mundo; e c) estabelece padrões ao longo do tempo.

Outros exemplos de paradigmas que nos regem:

- NOSSA AUDIÇÃO – a nossa estrutura biológica estabelece o que conseguimos ouvir (modelo), como reconhecemos um determinado som como sendo chuva ou tempestade (crenças), e gerando padrões de comportamento em função de como ouvimos o mundo (se proteger ou dançar na chuva). Os animais possuem paradigmas de audição diferentes do nosso e, consequentemente, percebem e reagem ao ambiente de modos diferentes.

- DISPOSITIVOS COMPUTACIONAIS – o nosso acesso, visualização e registro do mundo dependem cada vez mais do modelo (software e hardware – estrutura) dos dispositivos que usamos. Quanto mais capacidade computacional, mais enxergamos (zoom), mais visualizamos (fotos, vídeos etc.), mais registramos (arquivos). Frequentemente, experimentamos o ambiente ao redor tanto pelo smartphone quanto por nossos sentidos biológicos.

- CULTURA E RELIGIÃO – aquilo em que acreditamos influencia profundamente a forma como percebemos e agimos. Cultura e religião estabelecem um sistema de crenças e valores compartilhados por um grupo de indivíduos. Crenças distintas levam a comportamentos totalmente distintos para a mesma situação. Por exemplo, em algumas culturas e religiões, a morte de uma pessoa é celebrada com festa ao invés de luto, como em Bali, onde eles acreditam que o corpo não tem importância, exceto para prover uma casca temporária para a alma, que, após a morte, retorna para Deus.

Assim, enxergamos o mundo com as cores e formas que os nossos paradigmas nos permitem. Por isso eles são tão importantes – pois não apenas moldam a nossa visão da **realidade** como também influenciam a forma como **agimos**. Portanto, **reconhecer e compreender os paradigmas** que nos regem pode nos ajudar a a) **enxergar para além das limitações** que eles impõem, ampliando a nossa visão; e b) atuar de forma a **tomar melhores decisões**.

MUDANÇAS DE PARADIGMAS

No entanto, ao longo do tempo, os paradigmas se transformam em função do surgimento de elementos que desafiam o seu funcionamento ou causam colapso no modelo vigente, a saber:

- NOVAS DESCOBERTAS OU EVIDÊNCIAS – exemplo: a descoberta da estrutura do DNA revolucionou os paradigmas da biologia, mostrando especificamente como a informação genética é armazenada e transmitida, invalidando os modelos que utilizavam suposições errôneas.

- INSUFICIÊNCIA DO PARADIGMA ATUAL – exemplo: as limitações da física clássica para explicar certos fenômenos levaram ao desenvolvimento de um novo paradigma, a física quântica, no início do século XX.

- INOVAÇÕES TECNOLÓGICAS – exemplo: a invenção da prensa de tipos móveis por Gutenberg no século XV transformou o paradigma da disseminação do conhecimento. Antes os livros eram copiados manualmente e, portanto, escassos; com a prensa, tornou-se possível a produção em massa de livros, democratizando o acesso ao conhecimento.

- **PRESSÃO SOCIAL OU CULTURAL** – exemplo: o movimento pelo direito ao voto para as mulheres no século XX deu origem a protestos, campanhas e ativismo, causando grande pressão que resultou, em vários países, na revisão dos paradigmas sobre direitos civis, concedendo eventualmente o voto às mulheres.

- **INTEGRAÇÃO INTERDISCIPLINAR** – exemplo: a bioinformática, disciplina que combina biologia e ciências computacionais, transformou paradigmas em pesquisa genética permitindo o processamento e análise de grandes conjuntos de dados biológicos.

- **AGENTES DE MUDANÇA** – exemplo: Martin Luther King Jr. desafiou o paradigma da segregação racial nos Estados Unidos por meio de sua liderança no movimento pelos direitos civis, promovendo a ideia de igualdade e justiça para todos.

Conseguir detectar esses elementos que desestabilizam os paradigmas é importante para auxiliar a navegar a mudança:

1) O CONHECIMENTO ADQUIRIDO sobre um paradigma tende a não ter mais valor no novo paradigma – quando a locomotiva surgiu, aqueles que eram especialistas em cavalos possuíam um conhecimento que passou a não ser mais necessário. Assim, a mudança de paradigma zera o jogo e normalmente beneficia os novos entrantes, que estão mais abertos a aprender as novas regras, enquanto os especialistas do paradigma anterior tendem a ter mais dificuldade, devido ao seu apego ao conhecimento anterior. Portanto, mudanças de paradigmas tendem a requerer novas competências.

2) AQUILO QUE É DIFÍCIL (ou mesmo impossível) **de solucionar em um paradigma** pode ser **fácil** de se resolver em outro – por exemplo, o processo de se conservar alimentos dependia de

técnicas especiais e adição de outros produtos, como o sal, óleo ou açúcar. No entanto, a invenção da eletricidade/refrigeração tornou o processo simples e acessível, possibilitando a criação e comercialização de inúmeros produtos, como a carne congelada, que não existiam antes devido às limitações de conservação. Assim, novos paradigmas podem eliminar dificuldades, desbloqueando novas oportunidades e modelos de negócios, que tendem a beneficiar aqueles que têm visão e conseguem enxergar como suas as novas regras impactam o funcionamento do mundo.

3) Efeito paradigma – paradigmas que são aceitos coletivamente como verdades absolutas tendem a nos escravizar em suas regras e a nos cegar para a existência de outros paradigmas, que podem, eventualmente, ampliar o nosso mundo. Esse é o fenômeno que acontece na alegoria da caverna de Platão[6] – aqueles que viviam na caverna, e conheciam o mundo regidos apenas pelas regras das sombras, acreditavam que essa era uma verdade absoluta e não conseguiam aceitar a existência de uma realidade além disso.

PARADIGMAS FLUIDOS

A evolução humana é marcada por inúmeras mudanças de paradigmas que temos experimentado recorrentemente ao longo da nossa história. No entanto, até recentemente, essas mudanças demoravam para acontecer, porque os elementos desafiadores

---

[6] A alegoria da caverna é uma história contada por Platão em seu livro *A República*. A história descreve pessoas que viveram suas vidas inteiras acorrentadas dentro de uma caverna, olhando apenas para a parede, onde veem sombras projetadas por objetos que passam por trás delas, iluminados por uma fogueira. Para essas pessoas, as sombras são a única realidade que conhecem. Um dia, um dos prisioneiros é libertado e descobre a verdadeira origem das sombras. Ele percebe que a realidade é muito mais rica e complexa do que as sombras que viu a vida toda. O libertado sai da caverna e vê o mundo exterior, sendo iluminado pelo sol. Ao retornar para a caverna, ele tenta convencer os outros sobre o mundo real, mas eles resistem e se recusam a acreditar. Mais informações em: https://pt.wikipedia.org/wiki/Alegoria_da_Caverna

que transformam paradigmas demoravam para aparecer e/ou se estabelecer. Agora, mais particularmente a partir do início do século XXI, as inovações tecnológicas digitais deram origem a um processo que acelerou o surgimento de todos esses elementos, causando desestabilizações frequentes e contínuas nos paradigmas que nos regem.

O aumento da conexão e da velocidade de comunicação, proporcionado pela evolução das tecnologias digitais, permite que mais pessoas troquem informações, catalisando a **inovação tecnológica** em todas as áreas do conhecimento, fomentando a **integração multidisciplinar**. Isso gera uma cascata contínua de **novas descobertas** e **evidências** que colapsam continuamente os paradigmas anteriores. Além disso, a ascensão das plataformas digitais cria a infraestrutura que amplia a influência de qualquer indivíduo, potencializando o surgimento constante de novos **agentes de mudança**.

Portanto, a primeira grande mudança de paradigma da era atual é a **aceleração da velocidade de mudança dos paradigmas,** levando-os de uma estrutura definida e duradoura para um estado fluido, em constante transformação: os paradigmas fluidos.

Como consequência dessa fluidez, modelos, crenças e padrões mudam o tempo todo, demandando que as estratégias também se modifiquem de forma dinâmica. Assim, **futuros acelerados** geram **paradigmas fluidos**, que por sua vez demandam **estratégias dinâmicas**.

Estratégias dinâmicas demandam uma **velocidade de análise e compreensão** que só é possível por meio da utilização das mesmas **tecnologias computacionais** que causam a aceleração da mudança. Por exemplo, não conseguimos desenvolver estratégias eficientes em mídias sociais sem usar tecnologias de mídias sociais associadas com tecnologias de análises de dados para analisar padrões e comportamentos.

Assim, a **tecnologia** é um recurso fundamental para **navegarmos paradigmas fluidos** – tanto no auxílio para enxergar as mudanças contínuas de modelos, crenças e padrões, quanto para traçar estratégias de ação a cada momento.

VISÃO DO PRESENTE

Compreendendo a anatomia fluida dos paradigmas atuais, conseguimos perceber transformações profundas que estão colapsando alguns dos mais importantes paradigmas que têm regido a humanidade:

- SEGURANÇA: de certeza da certeza para **certeza da incerteza;**
- PERCEPÇÃO: de realidade limitada para **realidade ampliada**;
- TOMADA DE DECISÃO: de ação por repetição para **decisão por antecipação**;
- EVOLUÇÃO: de seleção natural para **seleção artificial**;
- PRODUÇÃO: de sistemas produtivos biológicos para **sistemas produtivos híbridos**.

Vamos a eles, então.

SEGURANÇA: CERTEZA DA INCERTEZA

A evolução humana aconteceu em um contexto de mudança tão lenta, que os seus impactos eram mínimos ou inexistentes durante a duração da vida de um indivíduo. A era da **caça e coleta** durou milhões de anos; a **era agrícola**, milênios; e a **era industrial**, alguns séculos, portanto, muito mais do que o tempo médio de vida de uma pessoa. Assim, a partir da perspectiva da existência humana, o futuro era apenas uma **repetição do passado**. O paradigma vigente era de alto grau de certeza de que o futuro seria uma continuação linear do passado.

Apenas muito recentemente, mais especificamente a partir do século XX, essa lógica se inverte, quando as transformações na **era da informação** passam a acontecer em décadas, e mais drasticamente agora, no século XXI, em que a **era cognitiva** impõe ciclos de mudanças cada vez mais rápidos, menores até do que períodos anuais. Portanto, nos últimos 100 anos, o ciclo de vida humana foi se tornando, de forma inédita, maior do que o ciclo de vida das mudanças no mundo. Esse processo, sob a ótica humana, faz com que um indivíduo **passe a enfrentar cada vez mais mudanças** durante o período da sua vida e que o **futuro tenda a ser cada vez mais rapidamente diferente** do passado, aumentando, portanto, gradativamente, a sua **incerteza**.

Por exemplo, uma pessoa hoje com mais de 80 anos de idade já experimentado (e se adaptado) pelo menos as transformações listadas na figura 3.1.

TRANSFORMAÇÕES SIGNIFICATIVAS NOS ÚLTIMOS 80 ANOS (1940 A 2020)

o **COMUNICAÇÕES E COMPUTAÇÃO**
- **Máquinas de escrever** se transformando em **processadores de texto** e depois em **computadores pessoais**.
- O nascimento e a popularização da **internet**.
- O desenvolvimento e a proliferação de **telefones celulares**, começando com modelos grandes e pesados, transformando-se em **smartphones** multifuncionais.
- A invenção e popularização do **e-mail**, redes sociais e mensagens instantâneas.
- Desenvolvimento da **computação em nuvem** e armazenamento de dados online.

o **ENTRETENIMENTO**
- A transição de **rádios de válvulas** para **transístores**, e depois **digitais**.
- A popularização da **televisão em preto e branco** para **colorida**, e posteriormente para as de **alta definição**.

- O surgimento e a evolução dos **videogames**.
- A transição de **vinil** para **cassete**, **CD**, **DVD**, **Blu-ray**, e a popularização da **música e vídeo em streaming**.

o **TRANSPORTE**
- O boom da **aviação comercial**.
- Desenvolvimentos em **automóveis**, incluindo melhor eficiência de combustível, **carros elétricos** e recursos de **automação**.
- Surgimento e evolução da **exploração espacial**, desde o primeiro homem no espaço até as recentes missões de empresas privadas.

o **MEDICINA E SAÚDE**
- A invenção e disseminação de **equipamentos de imagem médica**, como a ressonância magnética e o ultrassom.
- Avanços em **cirurgias** e técnicas minimamente invasivas.
- O desenvolvimento de **vacinas** e tratamentos para várias doenças.

o **CIÊNCIA E ENGENHARIA**
- A revolução da **biotecnologia** e a descoberta da **estrutura do DNA**.
- O desenvolvimento da **energia nuclear**.
- Avanços significativos em **materiais**, como plásticos, semicondutores e materiais compósitos.

o **VIDA DIÁRIA**
- A proliferação de **eletrodomésticos**, tornando as tarefas do dia a dia mais fáceis.
- A transição de **câmeras de filme** para **câmeras digitais**.
- O surgimento e a popularização dos **cartões de crédito** e **pagamentos digitais**.

Figura 3.1 – Lista de transformações significativas que uma pessoa com mais de 80 anos teria experimentado ao longo da vida.

A figura 3.2 ilustra a velocidade do crescimento tecnológico ao longo do tempo – note-se como o ritmo acelera drasticamente desde o final do século passado, e mais acentuadamente a partir de 2010.

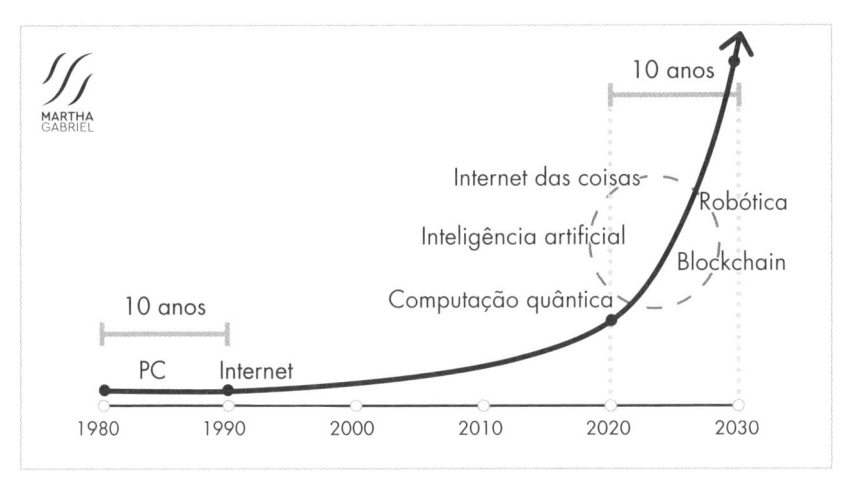

Figura 3.2 – Imagem esquematizada da aceleração tecnológica nas últimas décadas.

Com essa aceleração, passamos a enfrentar mudanças que chegam cada vez mais rápido. Consequentemente, o paradigma vigente de segurança não apenas se modificou, mas se inverteu: da certeza da certeza para a certeza da incerteza.

PERCEPÇÃO: REALIDADE AMPLIADA

Além do aumento da incerteza, a nossa percepção da **realidade** também tem sido transformada pela aceleração tecnológica. A evolução dos **instrumentos** disponíveis para acumular e transmitir informações ao longo da história, foi permitindo, gradativamente, a **ampliação do volume e alcance do conhecimento disponível** tanto para indivíduos (durante a sua vida) quanto ao longo da evolução da humanidade. Inicialmente, antes da invenção da escrita, os instrumentos de registro eram orais, portanto, bastante limitados e imprecisos, restringindo a realidade que uma pessoa conseguia acessar. Gradativamente, após a escrita, foram surgindo tecnologias de informação e comunicação melhores, que passaram a permitir o **acúmulo e transmissão de conhecimentos** ao longo do tempo de forma mais precisa, além de possibilitar a **conexão** e **troca** entre diferentes culturas. Isso causa uma **ampliação considerável da realidade da humanidade**, pois passa a construir uma visão maior de mundo tanto no **tempo** quanto no **espaço**.

Esse fenômeno da expansão de realidade foi extraordinário para o progresso da humanidade, no entanto, no nível do indivíduo, o impacto tendia a ser pequeno na sua realidade e visão de mundo, pois essas transformações aconteciam em ciclos longos, maiores do que a sua existência.

Somente após a aceleração tecnológica no século XX, e mais particularmente a disseminação das tecnologias digitais no século XXI, é que vemos uma **explosão de capacidade e alcance** nos instrumentos de **registro e transmissão** do conhecimento e de **conexão e troca** em todo o planeta. Por um lado, isso nos traz um potencial espetacular para evolução, entretanto, por outro, representa também uma **sobrecarga informacional inédita** para o nosso sistema cognitivo biológico – o cérebro humano não foi biologicamente preparado para processar e conseguir dar significado a esse tsunami complexo de informação a que somos submetidos continuamente hoje.

Para efeito de comparação, até meados do século XX, as informações que um ser humano conseguia acessar eram bastante limitadas, predominantemente determinadas pela geografia e filtradas por veículos analógicos de comunicação, que além de lentos, eram influenciados pela cultura local. Nesse contexto, o **esforço cognitivo** para se entender o mundo era pequeno e compartilhado com membros da comunidade. Por exemplo, a notícia de um acontecimento de grande impacto no mundo, como a

Revolução Francesa, em 1789, provavelmente demorou semanas para chegar a regiões da França mais distantes de Paris, pois precisava ser transmitida por mensageiros a cavalo. No século XX, durante a **Segunda Guerra Mundial**, a velocidade e o acesso à informação ainda eram bastante precários, se comparados com os dias atuais, apenas algumas décadas depois. Uma das principais formas que o público recebia notícias sobre os evolução e desdobramentos dos acontecimentos da guerra era por meio de cinejornais – filmes curtos de notícias – exibidos durante as sessões de cinema, uma vez que a televisão ainda não era um meio de comunicação de massa e o rádio não podia transmitir imagens. Mesmo em um período de extremo perigo, como uma guerra global, as notícias demoravam de dias a semanas para aparecerem nesses noticiários nas sessões de cinema – o processo de produção e distribuição dos filmes de notícias dependia de a) importância do evento (situações de grande impacto tinham prioridade de notícia); b) localização do evento (acontecimentos em locais remotos demoravam mais para serem noticiados devido às dificuldades logísticas); c) filmagem (depois de filmado o evento, o filme tinha que ser processado, editado e copiado); d) transporte (as cópias precisavam ser transportadas fisicamente para os centros de notícias); e) edição e produção (os filmes eram editados localmente para apresentação nos cinemas); f)distribuição (as cópias da versão editada localmente eram transportadas para o cinemas para apresentação). Por isso, um grande evento ocorrendo na Europa poderia ser noticiado em uma semana nos cinemas dos EUA ou Reino Unido, enquanto eventos locais mais remotos podiam demorar semanas para serem noticiados.

Em contraste, no início do século XXI, em fevereiro de 2014, em uma viagem pela América Central, meu marido e eu acordamos no meio da noite, em El Salvador, devido a um tremor sísmico. Acessei imediatamente o Twitter para verificar se alguém estava postando alguma informação sobre o terremoto e descobri, quase que em tempo real, o epicentro, que era na Nicarágua, e onde aconteciam as zonas de propagação.

Obter informações relevantes em **tempo real** é um poder espetacular que adquirimos com as tecnologias digitais – isso, definitivamente, nos ajuda a lidar melhor com a realidade. No entanto, por outro lado, além das informações relevantes, recebemos também uma infinidade de irrelevantes, descontextualizadas, falsas, tendenciosas, o que dificulta a avaliação e separação daquilo que realmente importa para podermos lidar com a realidade. O paradigma de acesso à realidade mudou.

No **passado**, a informação era mais **limitada** em volume, mas muitas vezes mais **focada** (pois as pessoas tinham acesso a menos fontes de informação e passavam mais tempo com cada uma delas) e **filtradas** (pela geografia e pelos meios de comunicação, "pré-digeridas" pela cultura local) – isso demandava um menor esforço cognitivo para ser compreendida.

Hoje, a quantidade de informação disponível e acessível para um indivíduo comum é **gigantesca**, **dispersa**, proveniente de todos os lugares e tempos imagináveis, predominantemente **sem filtros** culturais, validações ou contexto, requerendo, assim, um esforço cognitivo infinitamente maior para serem analisadas. Por isso, a **profundidade** com que cada peça de informação é consumida atualmente tende a ser menor, enquanto a **dificuldade de compreensão** se torna maior, dando origem a fenômenos como desinformação, *fake news*, pós-verdade, bolhas, polarizações etc.

Some-se a isso a recente disseminação dos sistemas de **IA generativa**, que se popularizam a partir do início de 2023, desencadeando uma proliferação ainda mais acelerada de conteúdos artificiais cada vez mais verossímeis, em todas as modalidades (texto, imagem, vídeo, sons, músicas, vozes etc.), indistinguíveis, a olho nu, dos criados por humanos. Nesse contexto, os nossos instrumentos naturais para medir e validar a realidade passam a não mais funcionar – não é mais possível confiar apenas nos nossos sentidos biológicos, precisamos de **novos instrumentos, novas réguas para medir a realidade**, que não apenas se ampliou, mas se tornou, também, muito mais complexa.

TOMADA DE DECISÃO: POR ANTECIPAÇÃO

Ao contrário dos nossos antepassados, não apenas percebemos e sentimos a mudança, mas também a sua aceleração contínua e o aumento da incerteza. Esse fenômeno traz consigo o que talvez seja um dos maiores desafios para a nossa evolução – uma adaptação da adaptabilidade biológica natural para se tornar mais ágil e conseguir acompanhar o ritmo mudança acelerado da tecnologia. A sustentabilidade futura da humanidade depende intrinsecamente disso.

Logicamente, o ser humano é adaptável por natureza – chegamos até aqui porque, até o momento, temos conseguido nos adaptar às mudanças do ambiente. No entanto, a velocidade e o modo como aprendemos a evoluir podem não ser mais suficientes para enfrentarmos o futuro. O ritmo lento que se nos impôs durante quase toda a nossa evolução nos conferiu habilidades para reagir ao ambiente utilizando soluções aprendidas do passado, pois como a mudança acontecia tão sutilmente ao longo de gerações, a probabilidade de a repetição funcionar era altíssima – assim, não desenvolvemos, habilidades para **antecipar mudanças rápidas e constantes** ao longo de **nossas vidas**. No entanto, elas se tornaram vitais no cenário atual.

Enfrentar o futuro utilizando estratégias reativas aprendidas no passado só é eficiente quando o ritmo de mudança é lento e o futuro tende a ser igual ao passado. Quando a mudança passa a ser acelerada e o futuro se torna cada vez mais rapidamente diferente do passado, estratégias repetidas do passado passam a não mais funcionar – nesse cenário, precisamos de outro tipo de estratégias, que funcionem em ambientes com alto grau de incerteza, e de habilidades humanas que nos confiram visão de longo de prazo e capacidade de nos adaptar com agilidade.

Como a nossa evolução biológica de adaptação não consegue dar saltos, é lenta, a única forma que temos para acelerar a nossa adaptação é hackeando a nossa própria evolução para ampliar a nossa visão no futuro e nos conferir habilidades para agir mais agilmente. Para tanto, precisamos utilizar novos instrumentos e desenvolver novas competências – visão, estratégias e habilidades – que nos tornem mais ágeis e habilitados para a velocidade, complexidade e incerteza.

EVOLUÇÃO: SELEÇÃO ARTIFICIAL

Charles Darwin nos ensinou que a seleção natural, dirigida pela adaptabilidade, tem sido o vetor de evolução das espécies. Nesse sentido, a conclusão lógica é que, para evoluirmos, precisamos nos adaptar à tecnologia que avança, e é assim que tem sido até agora.

No entanto, a aceleração vertiginosa no ritmo de evolução tecnológica favorece uma **assimetria acentuada de poder** que pode se tornar crítica para a humanidade, pois aqueles que conseguem dominar as tecnologias mais avançadas tendem a se tornar mais rapidamente muitas vezes mais poderosos do que aqueles que não as conhecem ou não têm acesso a elas. Um exemplo que revelou recentemente como essa assimetria acontece foi a desvantagem sofrida por daqueles em situações mais precárias de acesso tecnológico durante a pandemia Covid-19.

Indo além, a tecnologia tem se tornado cada vez mais sofisticada, permitindo não apenas que seja utilizada, mas que também, literalmente, possa ser incorporada para ampliar funcionalidades do corpo humano. Considerando-se a combinação possível entre a miríade de avanços tecnológicos[7], como CRISPR, IA, robótica e nanotecnologia, tem se tornado cada vez mais possível se modificar a configuração biológica de indivíduos para acelerar a evolução. Esta é uma situação inédita na humanidade: **o poder individual de *hackear* a própria evolução genética**. Isso se constitui em mais um recurso tecnológico de assimetria, pois enquanto alguns se equipam e transformam para ganhar vantagem competitiva rapidamente, outros estarão **sujeitos** "apenas" à evolução biológica natural, mais lenta. Além do potencial para gerar conflitos e questionamentos éticos, esse processo, ao longo do tempo, pode causar o surgimento de raças humanas distintas coexistentes – algumas mais avançadas do que outras – eventualmente nos conduzindo a um cenário de disputa de recursos. Apesar de parecer enredo distópico de ficção científica, presente em tantas séries e filmes[8], essa é uma possibilidade cada vez mais real, e é a essência do **transumanismo**[9], movimento cujos conceitos remontam à Antiguidade. É também tema de discussão científica, como no livro de 2001 *O Sol, o Genoma e a Internet*, do físico britânico Freeman Dyson.

Apesar de a humanidade ter evoluído simbioticamente com a tecnologia desde as suas origens, a tecnologia foi ampliando a sua participação no nosso funcionamento – primeiro, **físico**, com as ferramentas e instrumentos mecânicos; avançando para processos **mentais**, com os computadores e sistemas computacionais; mais recentemente, os **cognitivos**, com a IA; e os **biológicos**, com CRISPR e o auxílio da IA, nanotecnologia, impressão 3D, robótica, computação quântica etc. Nesse processo, a nossa **dependência** tecnológica vem **aumentando** a cada ciclo de evolução.

---

[7] Para compreender as tecnologias emergentes e os seus impactos na humanidade, leia *Você, Eu e os Robôs*, disponível em https://amzn.to/3mPf8Al
[8] Ver GATTACA, *Star Trek Voyager*, *Altered Carbon*, *Ghost in the Shell* e *Elysium*, por exemplo.
[9] https://pt.wikipedia.org/wiki/Transumanismo

Dessa forma, a tecnologia está se tornando cada vez mais parte de nós, e, consequentemente, para evoluirmos, precisamos dela. Em outras palavras, a nossa evolução passa a depender cada vez mais da tecnologia para conseguirmos nos adaptar rapidamente ao ritmo que ela impõe. Portanto, o mesmo agente (a tecnologia) que causa a transformação acelerada do nosso ambiente deve ser utilizado como recurso para conseguirmos vencê-la. Nesse sentido, o vetor determinante da nossa evolução está passando gradativamente da seleção natural para a **seleção artificial**, tecnológica.

Esse processo traz consequências estratégias importantes a se considerar:

1) DATA-DRIVEN EVERYTHING – a vantagem competitiva que as tecnologias digitais oferecem para captura e análise de dados faz com que estratégias que não as utilizem não consigam competir com as que são data-driven e smart-enabled, ou, em outras palavras, baseadas em dados e que utilizam inteligência artificial.

2) MINDSET ANTIFRÁGIL – as tecnologias digitais emergentes têm possibilitado cada vez mais a) predição, permitindo antecipação de ameaças e oportunidades; e b) agilidade, permitindo rapidez na adaptabilidade. Isso tem o potencial não apenas de nos tornar mais resilientes – o que é fundamental para nossa sustentabilidade –, mas também, e principalmente, antifrágeis[10]. Enquanto a resiliência se ocupa em resistir a ameaças do ambiente, a antifragilidade busca aproveitar ameaças, tornando-as em oportunidades, permitindo, assim, crescer, melhorar com elas. Quanto melhor forem as capacidades de: a) predição para permitir antecipar ameaças futuras; b) análise e processamento para traçar estratégias que possam transformar ameaças em oportunidades; e c) se adaptar rapidamente

---

10 Para saber mais sobre antifragilidade, recomendo a leitura do livro *Antifrágil*, de Nassim Taleb, do qual o termo e o conceito se originam.

para aplicar essas estratégias –, maior a competência de antifragilidade. Como as habilidades biológicas naturais humanas são limitadas tanto para predição quanto para processamento de grandes volumes de possibilidades e de adaptabilidade rápida, a utilização de tecnologias que nos ampliem nesses quesitos tende a aumentar a nossa antifragilidade. Portanto, aqueles que dominam essas tecnologias não apenas tendem a se tornar mais resilientes, mas antifrágeis.

PRODUÇÃO: SISTEMAS PRODUTIVOS HÍBRIDOS

Podemos dizer que, antes do desencadeamento das revoluções industriais, o ser humano era a única força mental dos sistemas produtivos, e o cavalo, a principal força mecânica. Portanto, os paradigmas produtivos da humanidade – tanto mental, quanto físico – eram, até recentemente na nossa história, baseados predominantemente em sistemas biológicos.

Como exemplo, há apenas 100 anos, a nossa locomoção cotidiana ainda dependia prioritariamente de sistemas biológicos: pernas humanas e de animais, principalmente o cavalo, que, além de transporte, foi também, por séculos, o "motor" de funcionamento de guerras, campos de cultivo de alimentos, recreação etc.

No entanto, a partir do início do século XX, o paradigma produtivo mecânico passa a ser profundamente reconfigurado com a introdução das novas tecnologias eletromecânicas, tanto que resultou no desaparecimento do principal sistema biológico da cena produtiva mecânica – o cavalo. As máquinas passaram não apenas a fazer melhor aquilo que os cavalos faziam, como também, e principalmente, a realizar o que seria impossível para eles. No novo paradigma, o aumento na quantidade ou qualidade dos cavalos não contribuía mais para um retorno positivo no processo produtivo mecânico, que passa a ser baseado em sistemas artificiais: máquinas.

Nesse contexto, apesar da grande transformação que aconteceu no paradigma mecânico de produção, o corpo humano continuava relevante no sistema, tornando-se, inclusive, cada vez mais ampliado pelas máquinas, que iam gradativamente aumentando as nossas capacidades físicas com mais força, mais velocidade, nos permitiam voar, ampliar o alcance da nossa voz etc. Os nossos corpos biológicos, portanto, eram necessários para realizar a grande maioria das tarefas do sistema produtivo mecânico, como dirigir, pilotar, escrever, calcular, cozinhar, carregar, se reunir com outras pessoas, entre inúmeras outras tarefas, inclusive controlar e operar as máquinas que se disseminavam no cotidiano – eletrodomésticos, telefones, carros etc.

Provavelmente, o tabu do envelhecimento tem raízes na dependência dos sistemas produtivos mecânicos em relação aos nossos corpos biológicos: durante todos os paradigmas produtivos que regeram a humanidade, o corpo humano foi o recurso mais relevante e necessário. Envelhecer, portanto, significava, a perda da capacidade do corpo, limitando ou inviabilizando a sua contribuição.

Assim, nos paradigmas produtivos, tanto mentais como mecânicos, o humano era a força primordial. No entanto, a partir do final do século passado, as novas tecnologias – nesse caso, os sistemas computacionais e tecnologias de informação, conexão e comunicação – passam a causar, mais uma vez, alterações significativas no sistema produtivo:

1) Os computadores começam a realizar tarefas que eram antes exclusivamente do domínio do cérebro humano – isso afeta o sistema produtivo mental, causado uma diminuição gradativa da necessidade e da relevância da participação do cérebro humano em diversas atividades cognitivas.

2) As tecnologias digitais de comunicação e conexão passaram a permitir que o trabalho seja realizado de forma remota – isso

impacta o sistema produtivo mecânico, causando a diminuição gradativa da necessidade da presença física do corpo humano na realização do trabalho.

Assim, ao longo da nossa evolução, conforme as tecnologias avançaram, fomos gradativamente incluindo as máquinas nos paradigmas produtivos – primeiro, o sistema produtivo mecânico e, agora, o mental. Dessa forma, os paradigmas produtivos foram se transformando em híbridos de sistemas biológicos e artificiais.

Vivemos, portanto, a maior e mais drástica mudança de paradigmas produtivos da nossa história, que demanda uma transformação profunda e urgente nas competências do sistema biológico humano, para que nos mantenhamos relevantes no sistema produtivo que se impõe, para não corrermos o risco de sermos eliminados e sairmos de cena, como aconteceu com o cavalo.

Nesse novo paradigma produtivo, conforme as máquinas se tornam mais inteligentes e eficientes, para nos mantermos relevantes, precisamos fazer aquilo que as máquinas não fazem. Por isso, as habilidades humanas que têm ganhado mais relevância para um futuro cada vez mais tecnológico são aquelas que 1) sabem usar a tecnologia para ampliar as capacidades humanas; e 2) que nos diferenciam das máquinas: as soft skills.

CONSEQUÊNCIAS ESTRATÉGICAS

As novas regras que essas mudanças de paradigmas estabelecem impactam não apenas as estratégias que precisamos desenvolver para vencer no jogo da vida, mas também as novas habilidades que precisamos desenvolver para poder jogar. Para tanto, discutiremos as mudanças estratégias na Parte II deste livro e, posteriormente, as habilidades para o futuro, na Parte III.

CAPÍTULO 4 | FUTURISMO

*"Enquanto futuro acontece para alguns,
ele é determinado por outros."*
MARTHA GABRIEL

Vimos que até recentemente o jogo da vida era lento, com regras fixas, e hoje a situação é oposta – o jogo se tornou tão dinâmico e acelerado que suas regras mudam constante e rapidamente. Tanto que o cérebro humano não consegue mais acompanhá-las sem usar algum tipo de auxílio para **ampliar a sua capacidade e velocidade** biológica natural de compreensão e aprendizado. O aumento da complexidade nas últimas décadas torna impossível analisar causalidades presentes e traçar estratégias futuras sem utilizar metodologias e tecnologias para ajudarem no processo. Nesse contexto, uma das metodologias mais eficientes para auxiliar a enxergar as regras do jogo e suas mudanças dinâmicas no futuro, favorecendo a nossa tomada de decisões e ações, é o **futurismo** – nosso foco aqui.

FUTUROS: PREVISÃO, VISÃO & AÇÃO

Se, por um lado, não é possível prever o futuro, por outro, podemos, sim, escolher as melhores opções de caminhos para criá-lo.

Enquanto o futuro acontece para alguns, ele é determinado por outros – a diferença entre ser vítima ou estrategista do tempo reside na habilidade de conseguir enxergar as sementes e seus desdobramentos em possíveis cenários emergentes e de imaginar aqueles que desejamos criar. O domínio dessa competência nos permite **agir** para evitar futuros indesejados (por exemplo, uma catástrofe climática) e/ou favorecer a **criação dos futuros** que mais nos beneficiariam (como um mundo *human-centric super smart* da Sociedade 5.0[11]).

O PRESENTE CRIANDO O FUTURO

O futuro é, portanto, uma dimensão aberta, **que se cria no presente**, a partir das suas sementes que **já estão entre nós**. Como dizia Alvin Toffler[12], em *Power Shift*, "*a mudança é o futuro invadindo as nossas vidas*". Ao longo da nossa história, chamamos de visionários aqueles que conseguiram enxergar as sementes da mudança – foram eles que direcionaram o futuro de toda a humanidade.

No entanto, o aumento gradativo da velocidade de mudança e da complexidade vai tornando cada vez mais difícil conseguir enxergar essas sementes e suas causalidades futuras sem o auxílio de métodos mais sofisticados – a capacidade natural humana dos visionários do passado passa a não ser mais suficiente. Além disso, a aceleração da incerteza tem ampliado cada vez mais a quantidade de desdobramentos possíveis que uma semente pode desenvolver em contextos distintos – para dar conta desse crescimento na multiplicidade de cenários, passa a ser necessário sistematizar o processo para que mais indivíduos pudessem adquirir a capacidade de ser "visionários". Por isso, no início do século passado, vimos surgir uma nova disciplina para auxiliar a enxergar

---

11 https://www8.cao.go.jp/cstp/english/society5_0/index.html
12 Livro *Power Shift* – https://amzn.to/3iPybcU

as sementes do futuro no presente, e escolher quais cultivar, ou não, para criar os futuros desejados – o futurismo (ou estudos do futuro, em inglês: *futures studies*, *foresight* ou *futures researches*).

Assim, se no passado os visionários eram equipados com as melhores ferramentas biológicas intuitivas, os visionários atuais são aqueles que se instrumentalizam com o futurismo.

O FUTURO CRIANDO O PRESENTE

É importante observar, entretanto, que não é apenas o presente que cria futuros, mas que o futuro também cria o presente[13]. Quando **imaginamos futuros desejados**, modificamos nossas ações no presente para tentar alcançá-los, impactando, assim, a criação de futuros. Por exemplo, quando planejamos as nossas próximas férias, temos em mente vários parâmetros de presente: *budget*, tempo disponível, preferências de destinos e companhias. Em função disso passamos a escolher destinos (futuros) possíveis. No entanto, a partir do momento em que decidimos viajar para uma estação de esqui em vez de um resort de praia, mudamos todas as ações que faremos no presente para que esse futuro aconteça – preparo de malas, reserva de passagens, hotéis etc.

Conforme tomamos decisões de longo prazo, como metas de vida ou de negócio, o impacto do futuro imaginado em nossas decisões presentes torna-se maior. Uma pessoa que se imagina como um futuro empreendedor traçará um caminho de ações completamente distinto de alguém que se imagina trabalhando em uma organização. Por isso, a declaração de "visão desejada", junto com a missão e valores, tornou-se mantra corporativo nas últimas décadas. Assim, conhecer e declarar "propósito" tem sido cada vez mais uma dimensão fundamental de qualquer negócio

---

13 Ver também o livro *Lead From The Future: How to Turn Visionary Thinking Into Breakthrough Growth*, de Mark Johnson e Josh Suskewicz – https://amzn.to/3uXQ7aa

ou indivíduo para influenciar suas ações no presente na direção do futuro que se deseja.

Um exemplo de como a visão desejada de futuro pode transformar a realidade é Dubai. O emirado possui recursos naturais limitados, inclusive de petróleo, cuja grande concentração de reservas dos EAU encontra-se em Abu Dhabi[14]. Até o final do domínio britânico na região, na década de 1970, Dubai era apenas uma pequena vila de pescadores que comercializava peixes e pérolas. No entanto, Dubai encontra-se em uma localização geográfica privilegiada para rotas no planeta: central tanto entre Ocidente e Oriente, quanto entre Norte e Sul. Com isso em mente, Dubai estabeleceu a visão de se tornar o centro das rotas aéreas do mundo para atrair negócios e diversificar a sua economia com as indústrias de finanças, transporte, turismo, trade e tecnologia. Essa visão deu origem a estratégias que, em algumas décadas apenas, tornaram Dubai um dos principais hubs aéreos[15] e destinos do planeta.

FUTURISMO

Futurismo é, portanto, uma disciplina que combina ciência e imaginação para traçar cenários futuros para auxiliar a tomada de decisão no presente.

Assim, independentemente da direção (futuro/presente ou presente/futuro), para estudar e criar futuros, contamos com inúmeras metodologias que configuram o campo de estudo do futurismo. Apesar de existir formalmente e ser praticado com sucesso desde meados do século passado, apenas recentemente vimos um aumento significativo no interesse pelo tema, quando os futuros passaram a não ser mais como eram antigamente.

---

14 https://www.statista.com/statistics/1141229/uae-estimated-petroleum-oil-reserves-by-emirate/
15 https://airwaysmag.com/connected-airports-in-the-world/

Uma heurística bastante utilizada para visualizar como as versões de futuros se desenvolvem com o tempo é o Cone de Futuros Plausíveis (*Cone of Plausibility*), desenvolvido por Charles Taylor em 1988 e que posteriormente foi adaptado por diversos futuristas, como na versão de Joseph Voros, na figura 4.1.

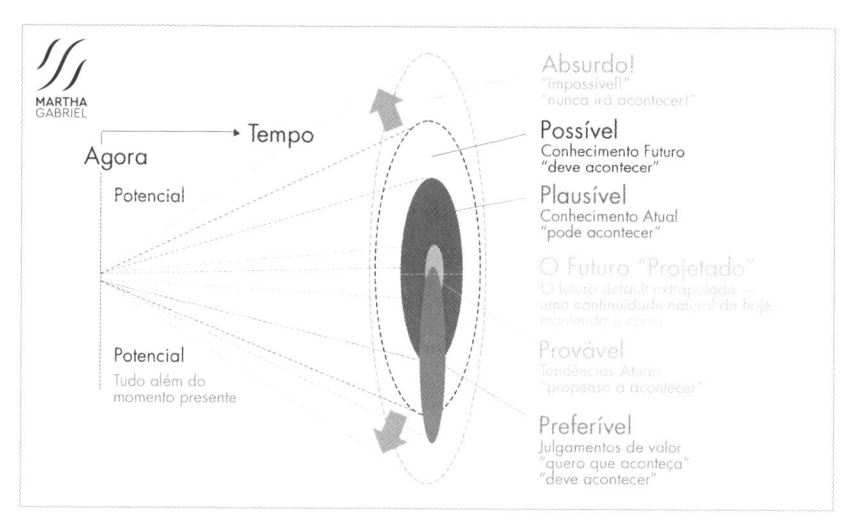

Figura 4.1 – Imagem do Cone de Futuros adaptado de Voros, disponível em: https://thevoroscope.com/2017/02/24/the-futures-cone-use-and-history/.

Note-se que quanto mais se avança no tempo, distanciando-se do presente, maiores se tornam as áreas das sessões do cone, ampliando a quantidade de versões de futuros, tornando-os, portanto, mais incertos. Assim, quanto maior o ritmo de mudança, mais aberto se torna o cone, e mais diversos os cenários tendem a ser – nesse contexto, o maior perigo é traçar estratégias levando em conta apenas os cenários visíveis no presente (curto prazo) sem considerar também os cenários futuros (longo prazo), que podem mudar completamente os paradigmas nos que nos regem.

Outra observação importante é que os futuros plausíveis incluem tanto cenários bons quanto ruins, e as metodologias de futurismo sempre buscam detectar ambos para balizar a tomada de decisão e garantir que não seja enviesada. Um dos grandes problemas da atualidade é justamente o pensamento enviesado, sem análise crítica, que está na raiz de fenômenos como polarizações, alienação, negacionismo, pós-verdade, entre outros, que têm ganhado corpo nos últimos anos.

Portanto, o futurismo ajuda a combater dois dos principais perigos estratégicos da atualidade: o **enviesamento** e a mentalidade de "**curtoprazismo**" na tomada de decisão de longo prazo.

Pensando nas diferentes formas para ampliação da visão estratégica, devemos expandir o nosso olhar para abraçar o passado, o presente, os futuros. As metodologias de pesquisa de mercado se ocupam do passado e do presente, enquanto as pesquisas de tendências focam o futuro próximo (de 1 a 5 anos) e as pesquisas de futuros normalmente trabalham com períodos de 10 anos à frente (Figura 4.2).

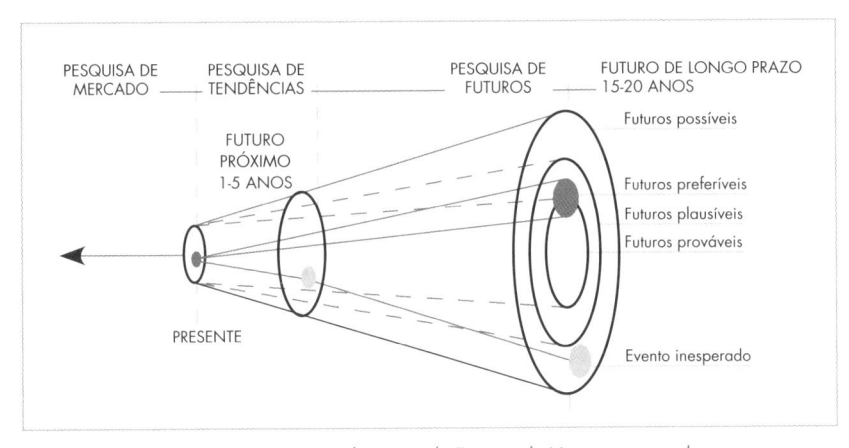

Figura 4.2 – Imagem do Cone de Futuros de Voros, mostrando a evolução de futuros ao longo do tempo.

ENXERGANDO MAIS LONGE

Além do passado da humanidade e dos cenários de futuros próximos, para garantir a nossa **sustentabilidade**, torna-se cada vez mais importante considerar domínios de tempos maiores. Um exemplo dessa abordagem mais ampla no passado são os estudos de **Big History**[16], que analisam bilhões de anos, desde o Big Bang até o presente, focando em como a humanidade se encaixa no Universo. Uma iniciativa na direção de expandir a nossa visão no futuro é a **Long Now Foundation**[17], que olha para daqui a 10 mil anos, com o objetivo de oferecer um contraponto à mentalidade dominante de "mais rápido e barato" para uma mentalidade que promova um pensamento "mais lento e melhor".

A história nos ensinou que para nos libertarmos do passado, precisamos estudá-lo para não repetir erros. Agora, ela está nos ensinando que se quisermos liderar o futuro, garantindo a sustentabilidade humana, precisamos estudá-lo também.

Assim, além do letramento em passado que todos nós provavelmente tivemos durante a nossa educação com a disciplina de história, deveríamos incluir também o letramento em futuros. Nesse sentido, **design de futuros** deveria ser disciplina obrigatória desde a pré-escola, para nos capacitar estrategicamente para criarmos futuros melhores, minimizando os impactos do acaso em nossas vidas.

A ASCENSÃO DO FUTURISMO

O futurismo tem origens no início do século passado com **H. G. Wells**, que é considerado o fundador dos estudos de futuros – a sua publicação, em 1901, "Antecipações da reação do progresso mecânico e científico na vida humana e no pensamento", propõe cenários para o ano 2000. No entanto, como disciplina de estudo, propriamente dita, o futurismo emerge na década de 1960, com o crescimento do interesse de acadêmicos, filósofos, escritores, artistas e cientistas explorando cenários futuros e estabelecendo as bases para um diálogo comum.

---

16 Big History Project: https://bhp-public.oerproject.com/
17 Long Now Foundation: https://longnow.org/

A primeira geração de futuristas inclui **estrategistas** de guerra, como Hernan Kahn, **economistas**, como Bertrand de Jouvenel (que fundou a Futuribles International em 1960), **cientistas**, como Dennis Gabor, **sociólogos**, como Fred L. Polak, **pesquisadores**, como Marshall McLuhan e suas reflexões sobre a Aldeia Global, **inventores**, como Buckminster Fuller, um dos primeiros indivíduos a perceber e calcular a aceleração da mudança, e Arthur C. Clarke, que entre as inúmeras contribuições que trouxe para o pensamento sobre o futuro estão duas frases que se tornaram mantras futuristas: "Toda tecnologia suficientemente avançada é indistinguível de mágica" (sua 3ª lei da robótica) e "Quando um cientista consagrado idoso declara que algo é possível, ele quase sempre está certo. Quando ele declara que algo é impossível, ele provavelmente está errado".

Em 1968, surge o IFTF (*Institute For The Future*), um *think tank* considerado o primeiro instituto de futurismo do mundo, inicialmente focado em estudos de futuro com interesses governamentais. Gradativamente seus estudos passaram a incluir assuntos de negócios e sociais. A partir dos anos 1970, os estudos do futuro se ampliaram de forma geral, emergindo diversos outros institutos de futurismo no mundo (como, por exemplo, o *IFR - Institute For Futures Research*, em 1974 na África do Sul), abraçando uma gama ampla de interesses, como a tecnologia, questões sociais e outras preocupações, como a interseção do crescimento populacional, disponibilidade e uso de recursos, crescimento econômico, qualidade de vida e sustentabilidade ambiental. Nesse contexto, é publicado o *best-seller Future Shift* de Alvin Toffler, explorando os cenários futuros em termos da sobrecarga informacional. No final do século XX, John Naisbitt e Faith Popcorn se destacam com os seus estudos de futuros, resultando em publicações que se tornaram *best-sellers*, como *Megatrends* (Naisbitt, 1982), *High Tech, High Touch* (Naisbitt, 1983) e *O Relatório Popcorn* (1991).

De lá para cá, nas décadas seguintes, a aceleração das transformações foi gradativamente favorecendo o florescimento e disseminação do futurismo, de forma que hoje contamos não apenas com vários respeitados institutos de futurismo no mundo, mas também com sólidos programas acadêmicos em universidades, *think tanks*, consultorias especializadas, pesquisadores independentes (*foresight practioners* ou futuristas, em português), além de departamentos de futurismo dentro de grandes corporações, ONGs e governos.

CRIANDO FUTUROS ESTRATEGICAMENTE

Da mesma forma que qualquer outra área do conhecimento, em futurismo existem diversas linhas de pesquisa e metodologias, como protocolos de pensamento antecipatório, *backcasting*, workshops de futuros, simulação e modelagem, *visioning*, role-playing adaptativo, entre outros. Normalmente uma pesquisa de estudos de futuros envolve vários métodos combinados de forma a atender às especificidades do tema em questão, que pode variar desde uma área com abrangência genérica e ampla, como, por exemplo, o futuro do clima (ou filantropia, educação, dinheiro etc.), até tópicos mais específicos, como o futuro da educação em determinada região.

Além da condução por profissionais capacitados em futurismo (*foresight practioners*, ou futuristas), que saberão escolher e utilizar os métodos mais adequados para cada caso, outro pilar importante de um estudo de futuros é a seleção dos participantes do estudo. Ninguém cria sozinho o futuro – ele é o resultado das ações de todos nós. Assim, os estudos de futuros devem sempre envolver os membros representativos de todas as áreas de interesse (*stakeholders*) relacionados com o ecossistema do tema em análise, para garantir que o máximo de visões sejam consideradas. Quanto mais multidisciplinar for o grupo de indivíduos participantes, menores serão as chances de enviesamento do processo. Com isso, conseguimos traçar cenários de futuros nas suas mais diversas, amplas e possíveis versões, trazendo um leque que inclua tanto cenários positivos quanto negativos. Essa multiplicidade de perspectivas é o antídoto contra vieses individuais e setoriais que, frequentemente, contaminam e embaçam a visão de futuros, resultando em fracassos.

LETRAMENTO EM FUTUROS

Os estudos de futuros requerem profissionais especializados, letrados em futuros e capacitados a utilizar as metodologias adequadas para sua realização. No entanto, enquanto as grandes organizações contratam futuristas e/ou institutos de futuros para estudar tendências e cenários, isso tende a ser inacessível para pequenas e médias empresas, e está fora do alcance para aplicação cotidiana na vida de indivíduos.

No entanto, é possível para qualquer pessoa ou organização desenvolver o *mindset* de futurismo, sem precisar ser um futurista ou contratar estudos especializados. Isso requer, entretanto, a aquisição de algumas competências:

1. COMPREENDER FUTURISMO e o que são tendências e cenários, e como são traçados.

Provavelmente, a essas alturas, isso já deve ter sido alcançado, principalmente a consciência de que futurismo não é adivinhação, palpite, intuição ou achismo, mas pesquisa fundamentada em metodologias científicas combinadas com a arte da imaginação.

2. Capacidade de enxergar sinais de mudanças e imaginar decorrentes cenários futuros e suas consequências.

Vimos que as sementes do futuro se encontram no presente. Em futurismo, essas sementes são denominadas de sinais de mudanças[18].

Sinais de mudança são indicadores sutis do início de mudanças ou fenômenos emergentes que têm o potencial de serem significantes no futuro. Sinais desafiam as crenças existentes e fornecem um vislumbre dos possíveis cenários futuros. No entanto, por serem sutis, frequentemente, passam despercebidos. Eles são como os sintomas quase imperceptíveis que antecedem um terremoto ou um tsunami.

Os sinais de mudança introduzem pontos de atenção por meio de desenvolvimentos inesperados, que nos ajudam a identificar e questionar crenças sobre o futuro – tanto as nossas quanto as dos outros –, nos encorajando a pensar diferente. Prestar atenção aos sinais de mudança nos torna conscientes do potencial de disrupções e oportunidades que podemos encontrar pela frente. Portanto, sinais de mudança são importantes porque nos permitem antecipar mudanças emergentes, nos adaptar e usá-las como vantagem.

No entanto, para conseguirmos identificar sinais de mudança, precisamos treinar o nosso olhar. Eles normalmente são desenvolvimentos inesperados – algo estranho ou que parece impossível – e estão intimamente relacionados com os elementos que desestabilizam paradigmas, vistos no capítulo anterior. Ou seja, sinais de mudanças envolvem fatos ou acontecimentos relacionados a: a) novas descobertas ou evidências; b) insuficiência do paradigma atual; c) inovações tecnológicas; d) pressão social ou cultural, e) integração multidisciplinar; e f) agentes de mudança.

---

18 Em inglês, são conhecidos como *weak signals*.

Por exemplo, o fato de as empresas precisarem usar cada vez mais tecnologia não é um sinal de mudança, mas uma tendência seguindo o seu curso. Um sinal de mudança seria algo inesperado, como uma empresa desenvolver uma solução tecnológica que permite realizar aquilo que parecia impossível, como a cura do câncer, ou criar alguma coisa que cause estranhamento, como a notícia, em 2018, de que uma pessoa no Japão havia se casado com um holograma de inteligência artificial desenvolvido por uma empresa[19].

Além de a sutileza dos sinais dificultar a sua percepção, outros fatores também contribuem para que falhemos em identificá-los:

- A complexidade crescente no mundo aumenta a dificuldade em perceber a correlação de causalidade entre os sinais sutis e grandes transformações que eles indicam.
- Desdobramentos inesperados – característica de um sinal de mudança – muito frequentemente resultam em medo, negação ou repulsão, tendendo, assim, a serem evitados.

É necessário, portanto, desenvolver a habilidade para detectar esse tipo de sinal, por mais sutil, complexo ou indesejado que seja.

Um exemplo de sinal importante, há quase 60 anos, que apontava para a explosão da inteligência artificial que estamos vivendo hoje foi o lançamento do primeiro chatbot em 1966, ELIZA[20] (figura 4.4), algo inesperado naquela época, que passou despercebido pela maioria das pessoas, mas provavelmente causou um estranhamento enorme naqueles que tiveram contato com a notícia.

---

19 https://edition.cnn.com/2018/12/28/health/rise-of-digisexuals-intl/index.html
20 https://www.researchgate.net/figure/Example-of-ELIZA-ELIZA-a-chatbot-was-designed-by-Joseph-Weizenbaum-to-imitate-a_fig1_348306833

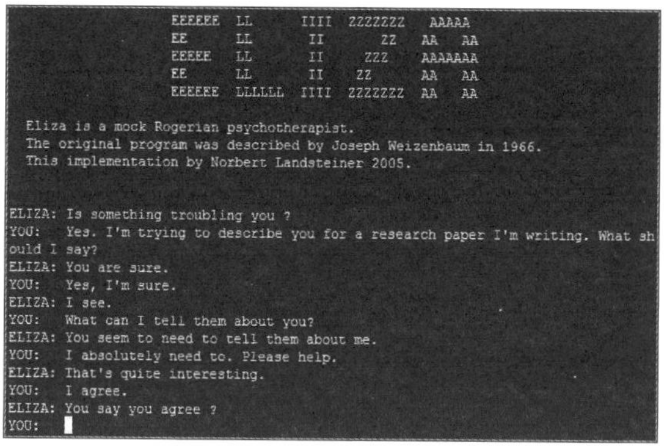

Figura 4.4 – Imagem da reconstrução do chatbot ELIZA, de 1966, por Norbert Landsteiner em 2005. Disponível em: https://www.researchgate.net/figure/Example-of-ELIZA-ELIZA-a-chatbot-was-designed-by-Joseph-Weizenbaum-to-imitate-a_fig1_348306833.

Analisando esse sinal, seria possível, na época em que surgiu, imaginar inúmeras evoluções de cenários futuros na relação entre humanos e computadores: conversas comandadas por humanos, conversas comandadas por computares, manipulação de humanos por computadores, controle total de computadores por humanos, evolução dos computadores para conviverem em igualdade com humanos, computadores evoluindo para se tornarem mais inteligentes do que humanos, computadores auxiliando humanos a viverem melhor, humanos se hibridizando com computadores, computadores ameaçando a humanidade, conversas por meio de voz, entre muitos outros.

Alguns desses cenários são mais prováveis do que outros, no entanto o exercício de considerar os vários desdobramentos possíveis e imagináveis – de utópicos a distópicos – nos torna menos ingênuos e nos dá mais insumos estratégicos para lidar com o futuro. Além disso, se não conseguirmos enxergar mais do que um único cenário futuro, certamente estaremos com uma visão enviesada. Considerar pelo menos um cenário positivo e um negativo já melhora o enviesamento, no entanto consiste, ainda, em uma visão muito estreita. Assim, é saudável desenvolver pelo menos três cenários tendendo para cada lado, para nos oferecer uma visão menos ingênua, menos enviesada e mais ampla.

Ainda em relação aos enviesamentos, é importante lembrar que nós, humanos, temos um viés cognitivo que nos faz sentir mais dor pela perda do que prazer pelo ganho – o viés de *loss avertion*[21], tendendo a enviesar a nossa visão de futuro. Como ele é incerto, traz risco de perda, e assim tendemos a imaginar o futuro com medo, por meio de cenários distópicos – por isso, eles são tão comuns nas obras de ficção científica. Assim, além da imaginação, para traçar cenários a partir de sinais de mudança, é importante desenvolver também o pensamento crítico para conseguir detectar e combater os nossos enviesamentos naturais humanos nas análises.

3. Capacidade de buscar e analisar estudos de tendências e futuros

Muitos estudos de tendências e cenários futuros são publicados regularmente e tornam-se amplamente disponíveis, por exemplo, o Hype Cycle do Gartner[22], que avalia anualmente as principais tendências tecnológicas em várias áreas de negócios. Portanto, é importante conhecer e acompanhar os *think tanks*, institutos e instituições que frequentemente trazem estudos de tendências e futuros[23].

---

21 https://en.wikipedia.org/wiki/Loss_aversion
22 Hype Cycle é uma metodologia do Gartner que avalia anualmente o grau de hype e de maturidade de determinadas tecnologias (como inteligênciia artificial e áreas de negócios (como marketing digital). Saiba mais em: https://www.gartner.co.uk/en/methodologies/gartner-hype-cycle
23 Como universidades (MIT, Harvard, USP etc.), institutos de futurismo (IFTF, Millenium, Copenhagen *Institute fot Futures Studies*, entre outros), empresas de consultoria e pesquisa (Gartner, McKinsey, BCG, Accenture, Deloitte etc.), futuristas (por exemplo, publico radares de tendências frequentemente no meu perfil do LinkedIn e Instagram), além de outras instituições, como o Fórum Econômico Mundial, que também divulga pesquisas de tendências.

No entanto, antes de usar qualquer estudo, é preciso saber escolhê-los e avaliá-los – normalmente, os estudos publicados possuem um escopo mais amplo, global, que precisa ser considerado antes de se tornar um guia balizador válido para outro contexto. Para tanto, é necessário a) pontuar as suas necessidades estratégicas em cada contexto – por exemplo, áreas de interesse (tecnologia, comportamento, clima, alimento, energia etc.) e localização (global, Brasil, um determinado estado ou região etc.); b) fazer uma análise crítica para validar criteriosamente as fontes de informação; e c) ter disciplina para estudar e analisar pontos de vistas conflitantes.

PARTE II

ESTRATÉGIA

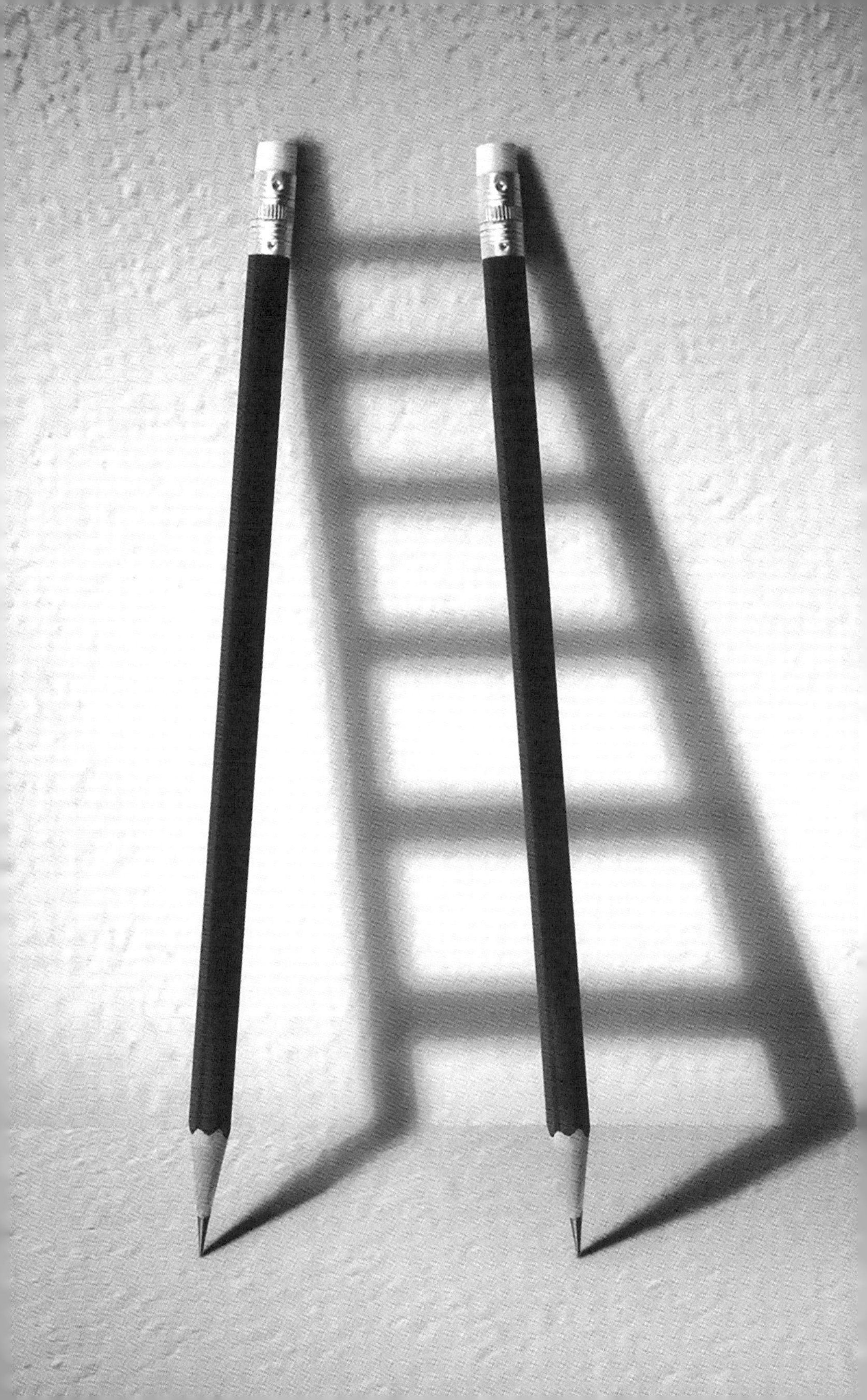

Vimos na Parte I as disciplinas que nos permitem ampliar nossa visão. No entanto, nenhuma visão se realiza sem estratégia para transformá-la em ação.

Portanto, nesta Parte II, abordaremos a estratégia por meio de dois capítulos:

CAPÍTULO 5: **Estratégias: das guerras à inovação** – para discutir os principais elementos que estruturam uma estratégia e adequá-los para o contexto atual.

CAPÍTULO 6: **Inovação em ação** – para colocar em prática a principal estratégia para liderar o futuro.

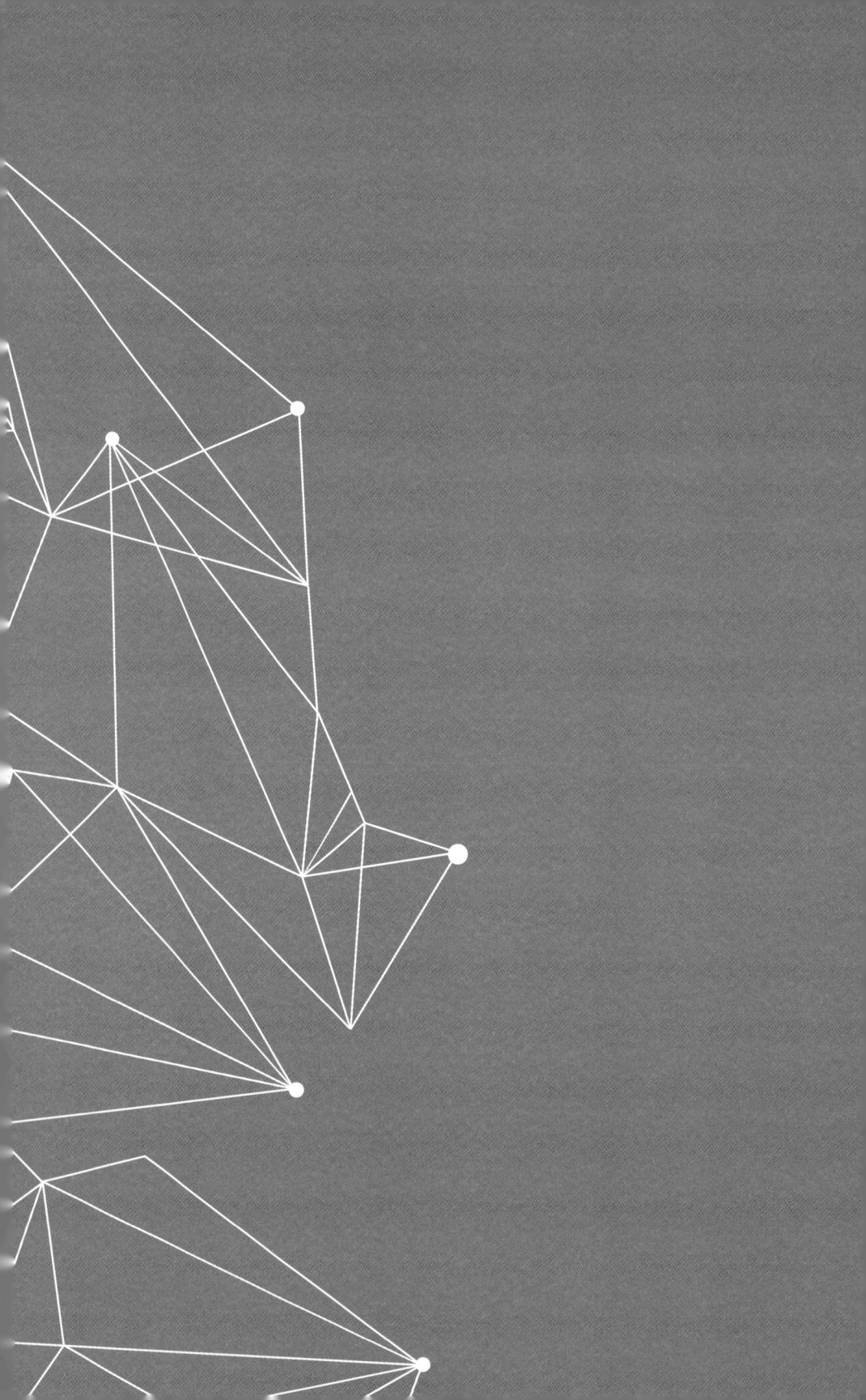

CAPÍTULO 5 | ESTRATÉGIAS: DAS GUERRAS À INOVAÇÃO

"Se você conhece o seu inimigo e conhece a si mesmo, você não precisa temer o resultado de cem batalhas.
Se você conhece a si mesmo, mas não o inimigo, para cada vitória ganha você sofrerá também uma derrota.
Se você não conhece nem o inimigo e nem a si mesmo, você sucumbirá em todas as batalhas."

SUN TZU, *A Arte da Guerra*

Estratégia é um termo de origem militar, que remonta à Antiguidade, intimamente associado a **vencer** em ambientes de **incerteza**: as guerras. Comandantes que conseguiam encontrar melhores formas de articular os seus recursos, conquistavam o oponente – e isso era, literalmente, uma questão de vida ou morte, que não se limitava apenas aos indivíduos nos campos de batalha, mas que se estendia posteriormente também para os territórios dos vencidos. Assim, estratégia vem conferindo poder e moldando a história desde os mais remotos tempos, como na China, onde encontramos um dos mais antigos e famosos tratados estratégicos militares já criados: *A Arte da Guerra*[24], escrito por Sun Tzu no século V a.C., cujos conceitos são usados e referenciado com frequência até os dias atuais.

---

24 https://en.wikipedia.org/wiki/The_Art_of_War

Na Grécia Antiga, a soberania militar proporcionada pelas estratégias espartanas, como as falanges (Phalanx[25]), possibilitou a expansão de territórios para formar um dos principais impérios da Antiguidade. O conceito da estratégia do Cavalo de Troia[26], descrita na Odisseia de Homero no século VIII a.C., encontra-se presente na era digital em um dos mais frequentes tipos de vírus cibernéticos, batizado com o mesmo nome.

Com o passar do tempo, o interesse pelo conceito de estratégia e sua utilização para auxiliar a alcançar objetivos migraram para muito além do âmbito militar, popularizando-se, no último século, nas áreas de negócios.

ESTRATÉGIA

Etimologicamente, "estratégia" (*strategia*) vem da união de duas palavras gregas – "stratos" (exército) e "agem" (conduzir ou comandar), significando a arte de comandar um exército para vencer o inimigo ou, pelo menos, tentar. Portanto, podemos dizer que estratégia é um **plano de ação** elaborado por um **comandante** (líder) para **orquestrar os recursos disponíveis** (pessoas, tempo, materiais) a fim de alcançar com o **máximo de eficiência** um **objetivo futuro** (normalmente, conquistar um **resultado melhor** do que o oponente). Assim, os componentes estruturais fundamentais para se desenvolver uma estratégia:

1) Objetivo – aquilo que se deseja alcançar no **futuro**.

2) Recursos – pessoas, tecnologia, tempo, dinheiro etc.

---

25 Falanges é uma estratégia de guerra desenvolvida na Grécia Antiga em que os soldados eram bem treinados, organizados e fortemente armados, lutando em um grupo retangular em que se cobriam com escudos para proteção. Além disso, eram imbuídos da crença de que morrer na guerra era uma grande glória. Mais informações em:
https://www.worldhistory.org/Greek_Warfare/
26 https://en.wikipedia.org/wiki/Trojan_Horse

3) **Plano de ação** – avaliação, aquisição, alocação e orquestração de recursos ao longo do tempo, para se atingir o objetivo.

4) **Liderança** – capacidade de articular a melhor combinação entre objetivos, recursos e plano de ação para se obter o melhor resultado.

Assim, **desenvolver uma estratégia** consiste na capacidade de comandar (**liderança**) para determinar o melhor **objetivo**, otimizando **recursos** e traçando **planos de ação**. Independentemente do contexto, esses são os pilares que sustentam uma estratégia, e não mudam. O objetivo é a razão de ser de uma estratégia; os recursos a viabilizam; o plano de ação lhe dá forma; e a liderança lhe dá direção.

Quanto melhor for a capacidade de uma liderança para estruturar esses elementos, melhor tende a ser a estratégia e, consequentemente, a probabilidade de sucesso.

DA GUERRA PARA O DIA A DIA

Enquanto no contexto militar, o objetivo é vencer um oponente, aqui, o inimigo não é o **outro**: a luta, agora, é contra o **risco de se tornar irrelevante no futuro**. As mudanças de paradigmas que discutimos nos capítulos anteriores – especialmente a velocidade e o aumento da incerteza – passaram a demandar que todos nós consigamos desenvolver estratégias para conseguir vencer simultaneamente no presente e no futuro. Como os paradigmas são fluidos, as estratégias precisam ser dinâmicas, ou seja, ajustadas no dia a dia, especificamente para cada um de nós.

Assim, precisamos desenvolver a capacidade de liderar a nós mesmos – e/ou nossos negócios – para estruturar e orquestrar os pilares estratégicos, adequando-os para o fim específico de liderar o (nosso) futuro. Vamos a eles.

OBJETIVO ESTRATÉGICO

Talvez uma das frases que mais transmitam a importância de se ter um objetivo venha da ficção, escrita por Lewis Carroll, em *Alice no País das Maravilhas*, quando o Gato disse à Alice: "Se você não sabe para onde ir, qualquer caminho serve". Traçar ou escolher um caminho só faz sentido quanto sabemos aonde queremos chegar – essa é a pedra angular sobre a qual se constrói qualquer estratégia.

O objetivo é a razão pela qual uma estratégia existe, e a sua escolha determina como a estratégia se desenvolverá. Um exemplo disso é como Abraham Lincoln, após a Guerra Civil Americana, estipulou o seu objetivo para um país dividido. Como presidente, ele estava tentando ajudar as regiões derrotadas a se reestruturarem, quando uma senhora o repreendeu dizendo que eles eram inimigos. Ele então respondeu: "Eles devem ser destruídos, madame, e como eu consigo destruir melhor os meus inimigos do que os tornando meus amigos?". Ou seja, a escolha do objetivo determinou como os recursos foram utilizados na estratégia – em reconstrução, não opressão.

Assim, a **primeira e mais importante parte de uma estratégia é determinar o seu objetivo**, pois é dele que depende todo o resto. Sem objetivos claros e bem definidos, ficamos perdidos sem saber para onde direcionar esforços, tendendo a piorar a situação, pois isso causa desperdício de recursos e/ou perda de posição. Se a direção estiver errada, não adianta ter todos os recursos do mundo e traçar um plano espetacular, pois isso apenas nos levará mais eficientemente para o caminho errado.

Muitas vezes, o erro não é de direção, mas de timing – determinar um objetivo que está muito adiantado em relação à maturidade do mercado ou, eventualmente, ter perdido o momento adequado para introduzir diferencial competitivo. Assim, uma estratégia com um objetivo brilhante para um determinado momento pode significar fracasso total se for aplicada no timing errado.

Além de direção e timing, é importante também estipular, com clareza, o quão longe se quer chegar, ou, em outras palavras, quantificar o objetivo no tempo e espaço. Uma coisa é mirar para vencer uma batalha na próxima semana. Outra, bem diferente, é vencer uma guerra de anos. Se somos pouco ousados, estaremos subutilizando nosso potencial. Por outro lado, se formos ousados demais, além do limite dos nossos recursos ao longo do tempo, nossas probabilidades de sucesso diminuem. Impérios surgiram e caíram em função de saber, ou não, determinar objetivos. O império mongol, que se estabeleceu conquistando objetivos espetaculares, como a China e Coreia, começou a sucumbir a partir da tentativa da conquista do Japão[27], por definir um objetivo para o qual ainda não estava preparado e que resultou no fracasso que marca o início da sua queda.

Portanto, enxergar e determinar o objetivo estratégico nem sempre é uma tarefa fácil, mesmo para quem está acostumado a vencer. Ao contrário, tende a ser bastante desafiador, pois é uma arte de **equilíbrio entre ousadia e realidade** ao longo do tempo, envolvendo um encadeamento de ações e consequências entre a situação presente e a futura que desejamos alcançar. Por isso, a liderança é fundamental para se conseguir equacionar o processo – quanto mais ousado o objetivo, maior a importância da liderança.

Para alcançar esse equilíbrio, a liderança precisa de informação da melhor qualidade possível para avaliar possibilidades e riscos para embasar a tomada de decisão. Isso se torna ainda mais crítico quando a velocidade e o grau de incerteza aumentam, como acontece no cenário atual. Inúmeros estudos ao longo dos anos têm mostrado que "o desenvolvimento de soluções não

---

27 https://pt.wikipedia.org/wiki/Invas%C3%A3o_Mongol_no_Jap%C3%A3o

necessárias[28] (*no market need*)" é um dos principais motivos pelos quais as *startups* fracassam – ou, em outras palavras, a escolha de um objetivo errado.

Algumas das habilidades humanas que mais contribuem para a ampliação da visão e avaliação de possibilidades para se escolher os melhores objetivos para o futuro são o pensamento crítico e o pensamento analítico, por isso não é à toa que têm sido rankeados[29] há anos entre as principais habilidades para o futuro.

No entanto, como vimos em paradigmas fluidos, as habilidades humanas, sozinhas, não são mais suficientes para conseguirmos enxergar cenários futuros e avaliar a complexidade. Assim, para nos auxiliar estrategicamente a determinar melhores objetivos, inúmeros instrumentos têm sido desenvolvidos ao longo do tempo, como: ferramentas para estudo de mercado, tendências, paradigmas, *benchmarks*, *business intelligence*, futurismo, entre outros.

Várias dessas ferramentas têm sido usadas há bastante tempo para determinar objetivos estratégicos de curto prazo, enquanto os estudos de futuros e tendências emergem nos últimos anos como instrumentos cada vez mais valiosos tanto para ampliar quanto clarear a nossa visão sobre possibilidades. Por isso, dedicamos a Parte I deste livro a eles e às mudanças de paradigmas que os afetam.

RECURSOS ESTRATÉGICOS

Já sabemos que o presente determina o futuro, e que a nossa visão do futuro também determina o presente[30]. Nesse sentido, a visão está no futuro, sempre, já que o que desejamos alcançar

---

28 Esses fatores têm sido recorrentes nas pesquisas sobre causas de fracasso em *startups* no mundo todo e continuam sendo, como apresentado em: https://www.resolvefinancial.co.uk/startup-failure-statistics/
29 2020 - https://www.weforum.org/agenda/2020/10/top-10-work-skills-of-tomorrow-how-long-it-takes-to-learn-them/
2023 - https://www.weforum.org/agenda/2023/05/future-of-jobs-2023-skills/
30 Ver capítulo anterior sobre futurismo.

ainda não aconteceu. Os recursos, no entanto, não estão apenas no presente, mas podem estar distribuídos ao longo do tempo entre presente e futuro, podendo ser obtidos e utilizados no caminho para alcançar o objetivo. Isso é muito importante, porque recursos são limitados, o que impacta o desenvolvimento da estratégia e, eventualmente, o objetivo estabelecido.

Nesse sentido, tempo e finanças são alguns dos recursos mais valiosos e limitantes que existem, por isso, muitas vezes, influenciam diretamente a escolha e/ou o refinamento do objetivo a ser alcançado. Por exemplo, se eu quiser diminuir o tempo de construção de uma casa, vou precisar alocar mais recursos – contratar mais pessoas e equipamentos para fazer mais rapidamente. Nesse caso, o tempo se torna valioso, pois quanto menos tempo, mais sofisticados e caros tendem a ser os recursos para alcançar o objetivo. No entanto, por mais dinheiro ou pessoas que eu tente alocar em uma construção, pode ser impossível construir uma casa em três dias com uma estratégia que utilize recursos tradicionais – nesse caso, o tempo é limitante e influencia o tipo de recurso que precisarei obter. Talvez isso se torne possível por meio de utilização de tecnologias de impressão 3D. Eventualmente, ainda assim, pode não ser possível construir a casa desejada em três dias, mesmo usando todas as tecnologias mais avançadas ou todos os recursos do mundo, ou, ainda, o custo pode se tornar proibitivo para o recurso financeiro que disponho. Nesse caso, é necessário rever o objetivo estratégico e, em vez de construir, talvez comprar ou alugar uma casa seja um objetivo melhor.

Existe, portanto, uma interdependência entre recursos e objetivos – os recursos necessários são determinados pelo objetivo, mas, por outro lado, os recursos disponíveis (e possíveis de se obter) também determinam o objetivo. Essa é a arte de equilíbrio entre objetivo e realidade – mencionada anteriormente –, que o líder precisa dominar para criar o plano de ação, otimizando os recursos para alcançar o melhor resultado possível.

Quanto menos recursos se tem para traçar a estratégia, **mais criativos e engenhosos os líderes** precisam ser para conseguir alcançar o objetivo. Quanto mais recursos disponíveis, menos necessidade de otimização, e a estratégia tende a se tornar menos eficiente. Por isso, a falta de recursos tornou-se um exercício bastante utilizado para desenvolver a criatividade estratégica, comumente aplicado em contextos de *startups,* permitindo lapidar a eficiência de modelos de negócio.

PLANO DE AÇÃO

O plano de ação se encarrega da orquestração entre o objetivo desejado e os recursos necessários/disponíveis, no intervalo entre presente e futuro, buscando o melhor equilíbrio para obter sucesso. Portanto, ele é a **parte da estratégia que otimiza a relação entre recursos e objetivos** – o **sucesso** depende dele, e ele depende de **liderança**. Assim, a liderança exerce um papel crucial na estratégia, tanto para desenvolver o planejamento quanto para colocá-lo em ação ao longo do tempo.

A interdependência entre objetivos e recursos se estende também ao plano de ação, que não apenas é determinado por eles, mas pode também determiná-los ou alterá-los. Eventualmente, o melhor plano de ação é uma mudança de objetivo. Uma das frases mais famosas de *A Arte da Guerra* ensina que "O sábio guerreiro evita a batalha", ou, em outras palavras, eventualmente, o melhor plano de ação para otimizar recursos e obter sucesso é mudar ou transformar o objetivo, como fez Abraham Lincoln após a Guerra Civil Americana.

Portanto, por mais claro que seja o objetivo e por maiores e melhores que sejam os recursos disponíveis, o principal fator para determinar o sucesso é o plano de ação, resultado do planejamento desenvolvido pela liderança.

No passado, o planejamento era determinado apenas pelas capacidades de alguns indivíduos que possuíam grande de visão e competência para alocação de recursos e execução – líderes. Conforme a complexidade de possibilidades e o grau de incerteza foram aumentando no mundo, gradativamente foi se tornando cada vez mais difícil para um líder desenvolver um planejamento estratégico de sucesso sem a utilização de metodologias e tecnologias mais sofisticadas para auxiliar no processo.

Vimos anteriormente[31] que o planejamento foi evoluindo das metodologias tradicionais para as metodologias ágeis, que embora necessárias, não são mais suficientes e passam a requerer também alinhamento com visão de cenários futuros e ambidestria da liderança entre visão e execução, para se conseguir estar bem posicionado para o futuro.

LIDERANÇA

Liderança faz parte daquele grupo de palavras que é mais fácil reconhecer quanto acontece do que definir, como é o caso de amor ou inteligência. É uma habilidade complexa que envolve o desenvolvimento de inúmeras outras, como comunicação, negociação, gestão, *storytelling* etc.

Uma forma ampla de definir liderança é como a habilidade de um indivíduo, grupo ou organização de liderar, influenciar ou guiar outros indivíduos, times ou uma organização inteira. Quanto melhores os resultados de uma liderança, melhor é o líder.

A visão da liderança para determinar objetivos estratégicos pode transformar a realidade, desbloqueando recursos inexistentes no presente. Um exemplo disso é Dubai, cuja riqueza foi criada em função da visão de futuro que seus líderes lançaram,

---
31 Ver capítulo "Liderando o Futuro".

transformando uma vila de pescadores em um emirado próspero, como descrito anteriormente no capítulo sobre futurismo. Outros exemplos que podemos citar são Gramado, São Paulo e Singapura, por exemplo. Gramado, apesar das inúmeras belezas naturais, tornou-se um dos destinos mais procurados do Brasil[32] devido à visão estratégica da região em tornar a cidade atrativa com o desenvolvimento de inúmeras iniciativas, como o Natal Luz, Parque de Esqui, Fábrica de Chocolate, centro de convenções etc. Da mesma forma, por meio de visão estratégica, a cidade de São Paulo tornou-se o principal destino de entretenimento cultural da América Latina; Singapura, em poucas décadas após se separar da Malásia, transformou-se de um país pobre em uma das nações mais desenvolvidas do planeta por meio da visão de inovação e atração de negócios e talentos e, como Dubai, tirou proveito da sua localização estratégica para rotas, só que no Sudeste Asiático. Note-se que esses exemplos são inspiradores porque criaram riquezas onde elas não existiam, deixando um legado positivo transformando o destino de milhões de pessoas. Portanto, um líder com visão e competência de planejamento pode mudar a realidade. Isso é um poder enorme, pois se você não está feliz com a sua realidade, lidere o seu futuro por meio da escolha de uma visão que transforme a sua vida e/ou o seu negócio naquilo que você deseja, e desenvolva um planejamento que encadeie as iniciativas necessárias para chegar lá.

Para o escopo deste livro, mais específico para o contexto de traçar estratégias para tornar um indivíduo ou organização *Future Ready*, podemos definir a liderança como: a habilidade (de um indivíduo, grupo ou organização) de liderar, influenciar ou guiar outros indivíduos, times ou organizações para desenvolver estratégias de sucesso no presente, que conduzam, ao mesmo tempo, a uma condição de bom posicionamento no futuro.

---

32 https://casavogue.globo.com/lazer-e-cultura/viagem/noticia/2023/06/gramado-e-o-destino-mais-procurado-em-pesquisa-para-ferias-de-julho-veja-top-10.ghtml

Nesse sentido, além das habilidades tradicionais de liderança, torna-se necessário desenvolver também a **ambidestria estratégia**, que envolve agilidade, pensamento analítico, pensamento crítico, pensamento criativo, entre várias outras, que discutiremos na Parte III: as habilidades para o futuro, ou *Future Ready Skills*.

ESTRATÉGIAS PARA O FUTURO

Analisando os impactos que os paradigmas fluidos[33] causam nas estratégias *Future Ready*, verificamos que:

- FUTUROS INCERTOS – requerem estratégias em que os objetivos consigam enxergar cenários (futurismo, tendências) e criem soluções inéditas (inovação) rapidamente (agilidade).

- REALIDADE AMPLIADA – requer estratégias que consigam acessar e compreender gigantescos volumes de dados para extrair significado (tecnologias digitais *data driven* e *smart enabled*) para guiar a tomada de decisão em um novo contexto, mais amplo (inovação).

- DECISÃO POR ANTECIPAÇÃO – requer estratégias cujos objetivos consigam enxergar cenários (futurismo, tendências, predições facilitadas por tecnologias digitais *data driven* e *smart enabled*), criem soluções inéditas (inovação) rapidamente (agilidade).

- SELEÇÃO ARTIFICIAL – requer estratégias de reconfiguração rápida (agilidade e tecnologias digitais), para negócios e indivíduos se manterem relevantes nos novos contextos tecnológicos (inovação).

---

33 Ver "Paradigmas fluidos", discutidos na Parte I deste livro.

- **Sistemas produtivos híbridos** – requerem estratégias de reconfiguração rápida (agilidade e tecnologias digitais), para negócios e indivíduos se manterem relevantes nos novos contextos tecnológicos (inovação).

Assim, na raiz dessas demandas está a capacidade de enxergar o presente (**paradigmas**) e cenários (**futurismo e tendências**), se adaptando rapidamente por meio de novas soluções (**inovação ágil**), possibilitadas pelas tecnologias digitais (**transformação digital**).

Futurismo, tendências e paradigmas já foram tratados na Parte I, e inovação é o assunto do próximo capítulo.

Quanto à transformação digital, é importante observar que a **tecnologia** tem se tornado, cada vez mais, um *game-changer* importante para toda e qualquer estratégia, pois ela funciona tanto como agente causador das mudanças de paradigmas quanto como recurso indispensável para se conseguir navegá-las. Como consequência, as estratégias tendem a não apenas se beneficiar, como também, e principalmente, requerer um nível cada vez mais elevado e sofisticado de utilização tecnológica. Por isso, a **transformação digital** configura-se como o principal vetor habilitador da inovação e da evolução por seleção artificial, seja de indivíduos ou de negócios. Nesse sentido, o conhecimento e o domínio do uso da tecnologia tornam-se habilidades obrigatórias para qualquer indivíduo que deseje liderar o futuro. Por isso, discutiremos a relação de transformação digital e inovação no próximo capítulo. Posteriormente, na Parte III, veremos que o domínio da tecnologia está entre as habilidades humanas necessárias para o liderar futuro.

CAPÍTULO 6 | INOVAÇÃO EM AÇÃO

"A inovação distingue um líder de um seguidor."
STEVE JOBS

Recapitulando o desencadeamento de ideias que nos trouxe até aqui, podemos dizer que, em função dos novos paradigmas que têm nos regido, passa a ser impossível nos tornarmos *Future Ready* sem inovar com agilidade. Portanto, este capítulo discute como colocar a inovação em ação, de forma ágil.

INOVAÇÃO ÁGIL

De modo geral, podemos definir inovação como o processo de desenvolvimento de novas soluções que gerem **valor** perceptível para **alguém**. Em outras palavras, o resultado de um processo de inovação é o **valor gerado** com o objetivo de melhorar ou solucionar algo para um determinado indivíduo ou grupo de indivíduos. Esse valor pode ser um novo produto, serviço, processo (forma de fazer) ou modelo de negócio (forma de criar valor) que traz benefícios para essa pessoa ou grupo. Por exemplo, um novo serviço de internet com velocidade mais rápida de acesso pode gerar benefícios de produtividade para inúmeros indivíduos que valorizarão a solução. Nesse caso, o novo serviço é uma inovação. No entanto, se a solução criada não gerar valor percebido, por mais impressionante que possa parecer, ela não é uma inovação. No exemplo anterior, imagine que o indivíduo ou grupo de indivíduos em questão sejam massagistas que realizem o seu trabalho quase que exclusivamente offline – para eles, um aumento na velocidade da internet não agrega valor em suas atividades, portanto, para esse grupo, o novo serviço é apenas algo novo, uma novidade, não uma inovação.

Portanto, o que determina a inovação é o novo valor que ela gera, e não a novidade que ela incorpora. Por isso, nem toda nova solução é uma inovação, mas toda inovação é uma nova solução – que agrega valor para alguém. Essa distinção é bastante importante para direcionar os esforços de inovação – ela sempre começa e termina com pessoas. Começa com problemas de pessoas e termina gerando valor para pessoas.

Neste livro, o foco da inovação somos nós, e o problema a resolver é conseguir encontrar novas soluções que agreguem o valor de nos ajudar a manter um bom posicionamento de relevância para o futuro. Por outro lado, como vivemos em um contexto de aceleração de mudança, esse problema é constante, pois nos deparamos continuamente com situações inéditas que requerem novas soluções – consequentemente, precisamos não apenas de inovação, mas também de agilidade para conseguir inovar rápida, contínua e constantemente. Inovação ágil, portanto.

No entanto, inovação é uma área complexa e extensa, que se relaciona com inúmeras outras áreas do conhecimento e, consequentemente, não cabe em um único capítulo. Portanto, não temos, nem poderíamos ter aqui, a pretensão de esgotar todas as suas dimensões. Ao contrário, focaremos apenas os elementos mínimos necessários para permitir o desenvolvimento de estratégias com o objetivo específico deste livro – liderar o futuro.

Porém, esperamos que os conceitos e instrumentos que trazemos aqui sirvam como inspiração para a ampliação do seu estudo por meio da vasta literatura e cursos especializados disponíveis no mercado[34].

INOVAÇÃO – LIDERANÇA E MÉTODO

Inovação, como qualquer outro tipo de estratégia, precisa de objetivos, recursos, planos de ação e, principalmente, liderança para orquestrá-los – como vimos no capítulo anterior. Portanto, inovação é **liderança** com visão inovadora para determinar os melhores objetivos e **métodos** para auxiliar a avaliar e selecionar objetivos e orquestrar recursos e planos de ação para alcançá-los. Em outras palavras, a liderança é força motriz da inovação, que precisa de métodos para conseguir realizá-la.

Assim, inovação não é tecnologia, inovação não é invenção, inovação não é produto, inovação não é criatividade. Inovação é **liderança** e **método**.

A liderança estabelece a direção da inovação e o método oferece uma estrutura de planejamento para chegar lá. Em suma, a liderança determina "para onde ir" e o método revela o "como".

Independentemente do contexto em que você deseje inovar – seja na sua vida pessoal ou profissional, ou para uma organização –, você precisa de **liderança** e **método**. O que varia entre um caso e o outro é a complexidade do processo. Na primeira situação – inovar na sua vida –, você é o líder que deve desenvolver as habilidades mínimas necessárias para conseguir orquestrar objetivos, recursos e planos de ação, utilizando os métodos que melhor se aplicam a você para liderar o seu futuro. No caso de uma organização, você provavelmente compartilhará a liderança

---

[34] Os meus cursos estão disponíveis em: martha.com.br/cursos

com outros indivíduos e precisará utilizar diversos métodos, tanto para determinar os melhores objetivos quanto para orquestrar recursos e planos de ação. Enquanto no primeiro caso você precisa influenciar a si mesmo e se desenvolver para adquirir as habilidades necessárias para inovar, no segundo, você precisa também influenciar pessoas e se relacionar em um sistema mais amplo, requerendo competências adicionais, como se comunicar, negociar, conhecer métodos específicos para articular times etc.

Portanto, em organizações, diferentemente das nossas vidas individuais, para que a inovação se torne sistêmica, contagiando todas as iniciativas para criar colaboração e sinergia para liderar o futuro, a liderança precisa desenvolver e fomentar uma cultura que favoreça a inovação, guiada por valores e comportamentos necessários para que a inovação aconteça. No entanto, não é uma tarefa fácil, por isso transformar a cultura corporativa para abraçar a inovação tem sido o maior desafio das organizações no contexto atual, em que é necessário não apenas inovar, mas inovar de forma ágil e constante.

CULTURA DA INOVAÇÃO

A **cultura** determina **comportamentos**[35], que por sua vez determinam **resultados** – portanto, a **cultura** é importante porque ela determina **resultados**. Por isso, por melhor que seja uma estratégia, se os comportamentos e valores que ela requer não estiverem alinhados com os valores e comportamentos da cultura, ela não conseguirá ser implementada. Nenhuma estratégia consegue gerar resultados sem o apoio da cultura. Portanto, para obtermos resultados de inovação, precisamos de uma cultura de inovação.

---

[35] No livro *Geography of Thought*, o autor, Richard Nisbett demonstra que as pessoas veem o mundo e pensam diferente por causa das diferenças em suas ecologias, estruturas sociais, filosofias, sistemas educacionais, assumindo que o comportamento humano é uma função da cultura. Ver: https://en.wikipedia.org/wiki/The_Geography_of_Thought

Nesse sentido, muitas vezes, é necessário realizar uma profunda transformação na cultura para que ela se torne uma cultura de inovação. No entanto, transformação de cultura é um assunto amplo que demanda estudo à parte. Portanto focaremos aqui os **valores e comportamentos que fomentem a inovação ágil**, elementos que uma cultura de inovação precisa incorporar e estimular.

Assim, para a cultura de um indivíduo, liderança ou organização se caracterizar como cultura de inovação, ela deve estar alicerçada nos seguintes valores e comportamentos:

- A<small>PRENDIZAGEM CONTÍNUA</small> – quando se enfrenta o novo, é necessário aprender com os feedbacks das nossas ações (erros e acertos) para conseguirmos nos adaptar e dar o próximo passo nos conduzindo para mais próximo do objetivo desejado. Quando a mudança é constante e contínua, esse processo não para, e assim precisamos estar dispostos a aprender o tempo todo.

- D<small>ESAPEGO DOS RESULTADOS, FOCO NA JORNADA</small> – erros e acertos não devem ser encarados como fracassos ou sucesso, e sim como etapas de aprendizado para ajustar o melhor caminho para o novo.

- A<small>PETITE AO RISCO</small> – fazer algo novo envolve riscos, que são, portanto, inerentes ao processo de inovação. No entanto, apesar de o risco ser inevitável, ele pode, e deve, ser quantificado e controlado.

- A<small>GILIDADE</small> – quando a mudança acontece em ritmo acelerado, não basta apenas se adaptar, é necessário conseguir se **adaptar rapidamente**. Ser adaptável significa ter a capacidade de mudar; ser ágil significa ter a capacidade de mudar rapidamente.

- E<small>XPERIMENTAÇÃO</small> – enfrentar o novo implica não conhecer soluções que se apliquem a ele. Portanto é necessária a disposição para experimentação visando testar iniciativas para gerar erros e acertos que ofereçam feedback para aprender e conseguir se adaptar.

- **FOCO EM PROBLEMAS, NÃO EM SOLUÇÕES** – problemas são sintomas de necessidade de mudança, portanto, é neles que devemos colocar os nossos esforços de inovação. As soluções existentes são instrumentos do passado, que tendem a perder relevância com a mudança. Um dos maiores erros estratégicos em inovação é se concentrar apenas em melhorar as soluções existentes sem considerar os novos problemas. Essa miopia leva a fracassos e desperdícios de recursos, como mencionado na discussão sobre determinação de objetivos estratégicos, no capítulo anterior[36].

- **CRIATIVIDADE** – inovação está intimamente relacionada com descobrir novas soluções, necessitando, portanto, de criatividade.

- **DIVERSIDADE** – uma das melhores estratégias para fomentar a criatividade é aumentar a diversidade. Pessoas diferentes têm visões e repertórios diferentes, contribuindo para a riqueza de variações que favorecem o pensamento criativo. Por isso, diversos estudos comprovam que o aumento da diversidade estimula a inovação[37].

- **RESPONSABILIDADE ÉTICA** – a inovação cria novas soluções, que por sua vez geram novos impactos. Esse processo requer responsabilidade, tanto para transformar esses impactos (erros e acertos) em feedback para aprendizagem quanto para gerir as suas consequências no mundo. Por exemplo, erros que não são reportados ou analisados não podem ser corrigidos e deixam de ser instrumentos de aprendizado para a inovação,

---

[36] O desenvolvimento de soluções não necessárias (*no market need*) tem sido, recorrentemente, uma das principais causas de fracasso de *startups,* como apresentado em: https://www.resolvefinancial.co.uk/startup-failure-statistics/
[37] Veja, por exemplo, esse estudo da *Harvard Business Review*: https://hbr.org/2013/12/how-diversity-can-drive-innovation

e, ao contrário, continuam se repetindo, tornam-se prejuízos recorrentes. Por outro lado, soluções que eventualmente possam nos trazer impactos positivos podem causar danos para os outros, tornando-se eticamente inaceitáveis. Portanto, para obtermos inovação sustentável, a responsabilidade ética é fundamental.

Esses comportamentos são favorecidos, ou não, pelas estruturas informacionais e de comunicação a que a cultura está sujeita. Matt Ridley mostra em seu TED "Quando as ideias fazem sexo"[38] (figura 6.1), de 2010, que ao longo da história o motor do progresso humano tem sido o encontro de ideias para criar novas ideias – esse motor foi acelerando a inovação devido à melhoria das tecnologias de transporte, informação e comunicação, que foi gradativamente ampliando a estrutura de comunicação e informação no planeta, possibilitando que cada vez mais pessoas se encontrassem e comunicassem, favorecendo a trocas de ideias.

Figura 6.1 – Imagem TED Talk "Quando as ideias fazem sexo", mostrando um instrumento da Idade da Pedra (um machado) e um mouse de computador, para analisar o processo de inovação entre um e outro. Disponível no QR code ao lado da imagem ou em https://www.ted.com/talks/matt_ridley_when_Ideas_have_sex?subtitle=pt-br.

---

38 TED "Quando as ideias fazem sexo", disponível em: https://www.ted.com/talks/matt_ridley_when_ideas_have_sex?subtitle=pt-br

Steven Johnson também traz à tona essa discussão no TED Talk "De onde vêm as boas ideias"[39] (figura 6.2), analisando o impacto do surgimento das cafeterias de Londres no nascimento do Iluminismo – antes das cafeterias, as pessoas ingeriam bebidas alcoólicas ao longo dia porque esta era uma opção saudável, já que a água não era confiável na época. A partir das cafeterias, as pessoas começam a tomar café e chá, introduzindo na cultura uma bebida estimulante para as ideias, alavancando maior qualidade de trocas. Portanto, a mudança na infraestrutura causou uma mudança de cultura que fomentou o sistema de geração e troca de ideias. Nota-se, nesse caso, que pequenos detalhes na estrutura física, como apenas a mudança de uma bebida, podem impactar o processo de trocas de ideias.

Figura 6.2 – Imagem do TED Talk "De onde vêm as boas ideias", mostrando a primeira cafeteria aberta na Inglaterra, em 1650. Disponível no QR code ao lado da imagem ou em https://www.ted.com/talks/steven_johnson_where_good_ideas_come_from?language=pt-br.

A figura 6.3 – a Pirâmide de Inovação Social da organização canadense Center For Social Innovation – esquematiza visualmente esse processo em que o espaço é a base estrutural que permite a formação de comunidades, onde ocorrem as trocas de ideias

---

39 TED "De onde vêm as boas ideias"disponível em: https://www.ted.com/talks/steven_johnson_where_good_ideas_come_from?language=pt-br

gerando inovação. Alterações no espaço causam alterações nas possibilidades de conexão entre pessoas, impactando os fluxos de trocas e criações de ideias que fomentam a inovação. No entanto, a partir do século XX, as tecnologias de comunicação e informação passam a criar espaços virtuais, que permitem encontros além dos físicos e de forma assíncrona, em um processo de colapso do tempo e espaço, que amplia consideravelmente o potencial de formação de comunidades. Telégrafo, telefone, fax, por exemplo, permitiram a conexão de espaços físicos globais, e posteriormente, as tecnologias digitais – e-mail, sites, redes sociais, games etc. – expandiram espetacularmente todas as dimensões dos encontros: quantidade de pessoas, modalidade da informação (texto, imagem, vídeo, áudio etc.), volume de informação, alcance etc., provocando uma aceleração sensível da inovação social no planeta, que, por sua vez, contribuiu para as mudanças dos paradigmas atuais que temos discutido aqui.

Figura 6.3 – Imagem da Pirâmide de Inovação Social. Fonte: Center For Social Innovation, adaptada por Martha Gabriel, disponível em https://socialinnovation.org/about/our-story-and-impact/.

Portanto, na base da pirâmide, temos cada vez mais um espaço híbrido entre on e off, cuja configuração, organização e estruturação afetam a forma como os fluxos de informação acontecem, e, consequentemente, como favorecem a cultura de inovação. Por isso, a busca da melhor configuração possível das estruturas em que trabalhamos tem sido um tópico importante, especialmente nas últimas décadas, devido às novas possibilidades introduzidas pelas tecnologias digitais. Divisórias, posições de mesas, utilização de aplicativos, reuniões virtuais, refeitórios, horários de trabalho, happy hours, eventos, enfim, todas as dimensões possíveis de configuração de infraestrutura têm sido tema de estudos e experimentos nas organizações para otimizar a conexão e formação de comunidades.

Uma situação que demonstrou como a alteração da configuração da infraestrutura do espaço on/off impacta as possibilidades de encontros e trocas foi o isolamento físico decorrente da pandemia Covid-19. Por um lado, o aumento da adoção do digital favoreceu alguns aspectos das trocas, como a diminuição no tempo de deslocamento para trabalhar e entre reuniões, possibilitando, assim, um aumento do tempo de contato entre as pessoas. Por outro lado, a mudança no modo de interação passou a provocar também desgastes que não ocorriam no presencial: reuniões digitais demandam esforço cognitivo diferente das físicas, ausência da mudança de contexto entre uma reunião e outra, diminuição do intervalo entre reuniões, por exemplo. Além disso, as dinâmicas de interação e trocas nos espaços digitais eliminaram os encontros eventuais não planejados, que costumam acontecer nos espaços físicos em corredores, almoços, cafés etc., e oferecem oportunidades importantes de trocas inusitadas de ideias.

Portanto, uma reflexão que precisa ser feita antes de continuarmos é: como está configurada a sua infraestrutura de trabalho? O seu espaço físico, as tecnologias e sistemas digitais disponíveis e utilizados (internet, celulares, computadores, tablets, e-readers, aplicativos, redes sociais etc.), a integração entre eles – isso fomenta ou inibe a sua cultura de inovação (ou da sua organização)? O que pode, ou deve, ser melhorado? Essa avaliação precisa ser feita e revisitada com regularidade, pois as tecnologias mudam rapidamente trazendo sempre novas possibilidades para contribuírem para uma configuração melhor. Por exemplo, a popularização da IA generativa a partir do início de 2023 passa a permitir troca de ideias com sistemas inteligentes artificiais. Se nas últimas décadas a disseminação das tecnologias digitais ampliou sensivelmente o tempo e o espaço, impulsionando os encontros de pessoas e elevando o ritmo de inovação para um patamar extraordinário, agora, some-se a isso a IA generativa, que funciona como um "café turbinado", oferecendo recursos espetaculares para ampliar a geração de ideias. Isso tem um potencial tamanho que pode desencadear o surgimento de um novo Iluminismo na humanidade.

Assim, as tecnologias digitais tornaram-se o principal instrumento da inovação, pois elas são a força motriz que habilita e impulsiona a cultura da inovação. Por isso, o processo de transformação digital contínua é a base para se construir a jornada de sucesso para o futuro: a transformação digital impulsiona a inovação, que por sua vez utiliza as tecnologias para direcionar a transformação digital, em um ciclo virtuoso que se retroalimenta (figura 6.4).

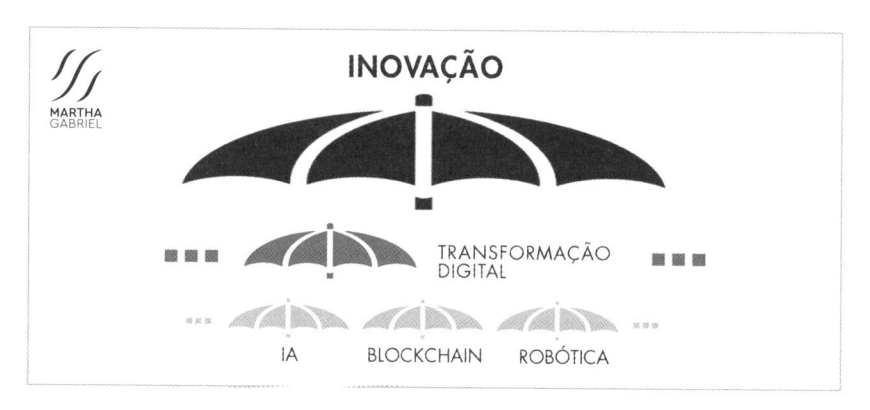

Figura 6.4 – Imagem representativa da transformação digital estabelecendo a infraestrutura para impulsionar a inovação, que, por sua vez, direciona o uso e a aplicação de tecnologias.

Para um indivíduo, transformação digital se traduz em conhecimento e destreza na utilização do digital, ou na habilidade de realizar um processo de simbiose com a tecnologia, que discutiremos no capítulo de *Future Ready Skills*, na Parte III.

No caso de uma organização, o processo de transformação digital é mais complexo, pois envolve todos os seus indivíduos e órgãos, requerendo tanto a adoção de metodologias e estratégias específicas de transformação digital do negócio, quanto a transformação digital das pessoas para adquirirem a capacidade de realizar simbiose tecnológica. Nesse sentido, por ser um processo complexo, a transformação digital de organizações não cabe em uma única metodologia, sendo necessários diversos métodos para realizá-la. Existem, inclusive, inúmeros frameworks desenvolvidos por consultorias e *think tanks*, que podem ser utilizados tanto para avaliar o grau de maturidade digital de uma organização, quanto para guiar a sua transformação digital, por exemplo, os da Gartner[40], Capgemini[41], McKinsey[42], Accenture[43], Deloitte[44], BCG[45], Bain Company[46], KPMG[47], entre outros.

Sumarizando, portanto, a relação entre **liderança, cultura de inovação e transformação digital**: a cultura da inovação é estabelecida pela liderança, que além de praticar e estimular os valores e comportamentos que fomentem a inovação, é responsável também por configurar a infraestrutura tecno-físico-social que a favoreça, além de estabelecer os elementos estruturais

---

40 https://www.gartner.com/en/information-technology/topics/digital-transformation
41 https://dma.feedback.capgemini.com/#dma-landing-lead
42 Ver: https://www.mckinsey.com/featured-insights/mckinsey-explainers/what-is-digital-transformation e https://www.mckinsey.com/industries/financial-services/our-insights/a-roadmap-for-a-digital-transformation
43 https://www.accenture.com/us-en/insights/digital-transformation-index
44 https://www2.deloitte.com/us/en/insights/topics/digital-transformation.html
45 https://www.bcg.com/capabilities/digital-technology-data/digital-strategy-roadmap
46 https://www.bain.com/insights/topics/digital-transformation/
47 https://kpmg.com/xx/en/home/insights/2020/04/digital-adoption-and-transformation.html

estratégicos para que a inovação aconteça na direção certa (visão), orquestrando recursos e traçando planos de ação com ambidestria entre futuro e presente. Essas responsabilidades não são pouca coisa e requerem habilidades distintas, que raramente conseguem ser encontradas em um único indivíduo. Por isso, cada vez mais, especialmente em organizações, a liderança tem se tornado um grupo de pessoas que exercem uma liderança compartilhada colaborativa. Esse conceito, conhecido como liderança distribuída, apesar de ter sido desenvolvido com foco em ambientes corporativos, pode, e deve, ser utilizado também por indivíduos em suas estratégias pessoais de futuros – em meio a tantos saberes necessários, buscar a colaboração de outras pessoas que tenham visões e habilidades distintas das nossas pode contribuir consideravelmente para a qualidade da nossa tomada de decisão. A habilidade humana que nos auxilia a compreender quando e como buscar esse tipo de recurso é o pensamento crítico, que veremos mais à frente, em capítulo separado.

Assim, se por um lado a liderança orquestra a dança da inovação, por outro, ela precisa de instrumentos adicionais para isso: métodos.

MÉTODOS

Em qualquer área do conhecimento que envolva ambientes com alto grau de incerteza – como pesquisa, futuros, inovação, negócios, carreira, transformação digital etc. –, para irmos de uma situação A para uma situação B, precisamos tomar decisões, que normalmente demandam a exploração de possibilidades em busca do melhor caminho. Essa jornada pode ser otimizada com a utilização de métodos, pois eles funcionam como mapas, que oferecem diretrizes.

Portanto, como um mapa, uma metodologia apresenta as etapas necessárias para se alcançar um determinado objetivo (por exemplo, inovar), trazendo inúmeros benefícios, como:

- **Consistência** – permite fazer sempre da mesma forma, tornando o processo replicável para que outras pessoas em outros contextos também possam usá-lo. Por exemplo, o mesmo mapa pode ser usado por duas pessoas distintas em diferentes situações, horários, épocas etc.

- **Eficiência** – economiza tempo evitando erros e permitindo encontrar a melhor maneira de fazer algo, da mesma forma que em um mapa você pode visualizar diversas possibilidades de caminhos entre dois pontos e escolher a que melhor se adapta para o contexto.

- **Treinamento** – acelera a curva de aprendizagem para novos membros do time da mesma forma que um mapa possibilita acelerar a aprendizagem de um caminho.

- **Melhoria** – uma vez que exista um método, ele pode ser melhorado continuamente, da mesma forma que podemos descobrir novos caminhos em um mapa.

- **Tomada de decisão** – métodos melhoram a jornada de tomada de decisão porque, como um mapa, apresentam caminhos claros previamente desbravados e avaliados.

- **Gestão de riscos** – métodos ajudam a identificar riscos e como lidar com eles, como nos trechos de um mapa que apresenta curvas acentuadas, nos quais diminuímos a velocidade, ou para áreas sujeitas a nevascas, para as quais nos preparamos com antecedência, colocando correntes nas rodas ou mudando de rotas.

- **Mensuração e avaliação** – métodos oferecem uma forma de medir resultados e enxergar onde podem ser feitas melhorias, do mesmo modo que um mapa permite medir distâncias, tempos e condições da rota, por exemplo, para que possamos escolher a melhor modalidade para percorrê-la: a pé, de bicicleta, de carro, de avião etc.

Assim, métodos tornam o processo replicável e administrável, portanto mais seguro, suave e efetivo.

MÉTODOS DE INOVAÇÃO

Inovação consiste em encontrar uma nova solução para **melhorar uma determinada situação, gerando valor para alguém**.

Para desenvolver uma estratégia de inovação, o desafio da liderança é conseguir traduzir essa demanda estruturando-a nos pilares estratégicos – determinando os objetivos, recursos e planos de ação – para alcançar a inovação desejada. Nesse sentido, a determinação de cada pilar estratégico possui suas especificidades, requerendo métodos distintos – da mesma forma que cidades diferentes possuem mapas diferentes. O uso dos mapas é similar, mas os caminhos não.

Portanto, existem inúmeros métodos de inovação, que ajudam a descobrir caminhos em etapas diferentes da estratégia de inovação. Por exemplo, *design thinking* é uma das metodologias mais populares e eficientes para se descobrir aquilo que é valor para alguém e traduzir em objetivos estratégicos de inovação. Metodologias ágeis, por sua vez, auxiliam na alocação e gestão de recursos para alcançar os objetivos oferecendo adaptação rápida, ou seja, ágil. As metodologias *lean* (ou, enxutas, em português) também ajudam na alocação e gestão de recursos, mas em vez de agilidade, elas se concentram em otimizar os processos de produção por meio de redução de desperdício de recursos – tempo e materiais. Assim, apesar de as três metodologias serem usadas em inovação, elas resolvem questões distintas, oferecendo mapas distintos (figura 6.5).

Figura 6.5 – Imagem comparativa entre os focos das metodologias de inovação.

O esquema da figura 6.6 mostra como as metodologias interagem entre si em um fluxo de inovação.

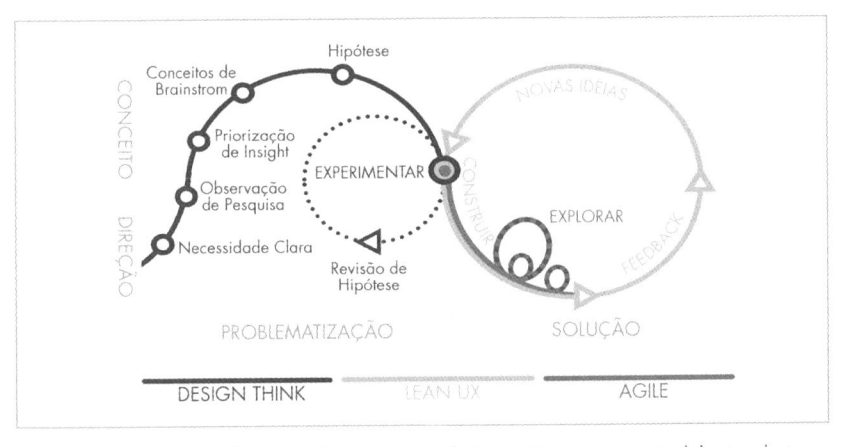

Figura 6.6 – Esquema ilustrativo dos processos de interação entre as metodologias design thinking, lean e agile em um projeto de inovação. Imagem: traduzida e adaptada pela autora, original disponível em: https://anarsolutions.com/design-thinking-agile-lean/.

Essas metodologias são bastante utilizadas atualmente porque foram desenvolvidas para solucionar problemas decorrentes de contextos acelerados, situação que vem se acentuando nas últimas décadas. No entanto, elas são apenas algumas das diversas metodologias utilizadas em inovação, sendo que várias delas se relacionam com os estudos de futuros e análise de tendências para auxiliar no direcionamento da inovação, como a matriz de priorização[48], matriz esforço-impacto[49], curva de difusão de inovação[50], o framework "a segunda curva[51]" etc.

Apesar da importância de todas as metodologias, o domínio de utilização de cada uma delas e da integração da relação entre elas normalmente requer lideranças que contem com times multidisciplinares – isso, normalmente, é possível apenas em grandes organizações. Assim, visando facilitar para líderes de pequenas empresas ou para qualquer indivíduo traçar estratégias de inovação no seu dia a dia, podemos simplificar o "mapa" da inovação para permitir enxergar e implementar estratégias cotidianas, oferecendo um instrumento mais simples, não simplório, para guiá-los. Essa simplificação na metodologia de inovação pode ser comparada com a simplificação de metodologia que é utilizada entre um piloto de Fórmula 1 e um indivíduo qualquer para dirigir um carro. Mesmo que ambos tenham como objetivo realizar o mesmo percurso, o piloto profissional utiliza um método que controla inúmeras dimensões adicionais do processo de dirigir porque precisa focar em pequenos detalhes, afinal, para vencer, ele precisa realizar o ajuste fino do processo, já que está em uma competição. Já as pessoas em geral não precisam desse grau de precisão e detalhamento, porque no seu contexto não faz diferença chegar um minuto antes ou depois; assim, não vale a pena gastar energia com detalhes, porque o contexto é outro. Portanto, o melhor método aqui é o simplificado.

---

48 Ver: https://en.wikipedia.org/wiki/Priority_Matrix
49 Ver: https://cio-wiki.org/wiki/Action_Priority_Matrix_%28APM%29
50 Ver: https://en.wikipedia.org/wiki/Diffusion_of_innovations
51 Ver: https://www.amazon.com/Second-Curve-Ian-Morrison/dp/0345405412

Assim, faz todo o sentido para organizações e líderes que estão no mercado competitivo utilizarem todos os métodos possíveis para ajustar e afinar em detalhes as suas estratégias de inovação. No entanto, para aqueles cujo contexto não é de competição, mas de melhoria para avançar construindo um estado contínuo de *Future Ready*, um método mais simples facilita o processo de colocar a "inovação em ação" (figura 6.7).

Figura 6.7 – Método Inovação em Ação. Explicação disponível em vídeo do TEDx Talk "A Lagarta e a Borboleta – da criatividade à inovação", que pode ser acessado via QRcode acima ou em https://www.youtube.com/watch?v=d9oAIsEBcll&t=604s.

O método consiste, portanto, em duas etapas principais – a primeira se concentra em entender o problema para gerar ideias (pesquisa e criatividade), enquanto a segunda, em implementar e testar a ideia para validar ou não (implementação / teste / validação). Independentemente de passar ou não no teste de relevância, o processo deve gerar feedback para gerar aprendizados para o próximo ciclo de melhorias. Detalhando cada etapa, usando como exemplo ilustrativo o objetivo de inovar na minha carreira profissional, temos:

- **OBSERVAÇÃO** – esta etapa se ocupa de transformar o objetivo da estratégia de inovação em **metas específicas mensuráveis**, que possam ser **realizadas**. Para isso, é necessário observar o problema que se deseja resolver (objetivo), conciliando-o com as visões de futuros, tendências e mudanças de paradigmas previamente analisados (e que devem estar sempre no *background* para se traçar qualquer estratégia). O processo busca obter informações que possam nos ajudar a direcionar o nosso caminho na escolha de metas. [*No exemplo, isso consistiria em avaliar as competências que já possuo, comparar com as necessárias para se tornar ou se manter relevante para o futuro – por meio de estudos, pesquisas, tendências, cenários futuros etc. – e relacionar as que preciso desenvolver.*]

- **INTERAÇÃO** – com as informações obtidas na etapa anterior – observação –, devemos aqui identificar como os elementos observados funcionam: as suas formas de interação (tanto entre si quanto com os demais elementos do contexto), disponibilidade, possibilidades, restrições e qualquer outra característica que possa ser significante para entender o problema. [*No exemplo, isso significaria a análise de como as competências podem ser adquiridas (cursos, palestras, eventos, livros etc.), suas dinâmicas (modalidades – online, offline, híbrido etc.), duração, interdependências, pré-requisitos etc.*]

- **IDEIA** – a pesquisa realizada nas etapas anteriores – observação e interação – fornecem as informações que devem ser usadas para criarmos uma solução. Portanto, esta etapa tem o objetivo de avaliar, entre todas as possibilidades e restrições levantadas, qual combinação provavelmente resolve melhor o problema, agregando valor para o objetivo a alcançar. Em outras palavras, as etapas anteriores geraram o combustível para o processo criativo desenvolver ideias a fim de estabelecer metas específicas mensuráveis para solucionar o problema (objetivo). Aqui entra a criatividade no processo de inovação – ela é fundamental para gerar as ideias que possibilitam uma solução nova que gere valor para algum objetivo a ser alcançado. No entanto, normalmente, um processo criativo gera várias ideias, e precisamos de critérios para escolher a que tem maior potencial para solucionar o problema. Assim, nesta etapa, além da criatividade, outros instrumentos podem ser utilizados para ajudar na seleção da ideia, como as metodologias de matriz de priorização ou matriz esforço-impacto, entre outras, citadas anteriormente. *[No meu exemplo, combinando as opções disponíveis com as competências que preciso desenvolver e as minhas características de aprendizagem, tempo e orçamento disponíveis, localização geográfica etc., começam a surgir ideias sobre caminhos possíveis, tais como: qual competência é mais rápida e será mais útil para eu dar o próximo passo? Quais competências, apesar de requerem uma formação mais robusta, como um MBA, podem agregar um valor excepcional na minha formação? Quais competências consigo desenvolver online, conciliando com o meu orçamento e tempo disponível? Consigo arrumar mais recursos, se for necessário? E assim por diante. Imagine que as opções de cursos que preciso existem apenas na modalidade presencial e em outro país – nesse caso, posso explorar a possibilidade de conseguir tempo e recursos para realizá-los ou devo encontrar outras formas para me capacitar. Assim, o processo continua até que eu encontre a opção de maior potencial e consiga estabelecer uma meta a ser testada. Imagine que, nesse caso, a ideia vencedora tenha sido fazer um curso de extensão em computação quântica, com 120 horas de duração, híbrido, com aulas distribuídas entre online e presenciais ao longo de um ano, e que isso consumiria 10% dos meus rendimentos mensais no período.]*

- **PATROCÍNIO** – após a seleção da ideia, para que ela ganhe corpo, precisamos de recursos para poder desenvolvê-la: tempo, materiais, finanças, tecnologia, parcerias etc. Assim, esta etapa é a responsável por elencar e avaliar os recursos mínimos necessários e as possibilidades para consegui-los, visando desenvolver a ideia ou um protótipo dela, que, em outras palavras, funciona como um mínimo produto viável (MVP[52]) para solucionar o problema. Quando a ideia requer poucos recursos e a sua implementação é rápida e fácil, damos sequência para a próxima etapa. Para ideias que demandam mais recursos, nos concentramos inicialmente em desenvolver um protótipo (MVP) para testar a relevância da ideia antes de comprometermos mais esforços – isso garante a agilidade e otimização de recursos em direção da melhor solução de inovação. Eventualmente, dependendo da ideia, nesta etapa podemos descobrir que, em função dos recursos necessários, ela deixa de ser interessante para o processo, como quando necessitamos de algum recurso que demanda tempo demasiado para obtenção ou o custo é proibitivo para a situação atual. Nesse caso, ao invés de darmos sequência para a próxima etapa, voltamos para etapa inicial (observação) ou para a etapa anterior a fim de reavaliar o processo, utilizando essas informações como feedback de aprendizagem no caminho de encontrar a melhor solução para o nosso objetivo. Uma vez definido o MVP, passamos para a próxima etapa. *[No meu exemplo, imagine que a ideia de fazer um curso de 120 horas demande muitos recursos – custo alto e dedicação de muito tempo de estudo, além do curso em si. Nesse caso, antes de investir na solução, o ideal é desenvolver um protótipo para validar se realmente o curso vai agregar valor ou não na minha formação. Assim, o protótipo pode ser a leitura de um livro sobre o assunto, algo que requer pouco recurso e pode ser realizado rápida e facilmente para validar a ideia. Este será o protótipo que vou desenvolver, então,*

---

[52] O termo MVP – mínimo produto viável – foi cunhado e definido em 2001, por Frank Robinson, e popularizado por Steve Blank e Eric Ries. Mais informações em: https://en.wikipedia.org/wiki/Minimum_viable_product

para minimizar o meu risco no processo, ao mesmo tempo em que estou agilizando a busca pela melhor solução para alcançar o meu objetivo.]

- **FORMATAÇÃO** – com a definição do protótipo e dos recursos necessários, realizada anteriormente, nesta etapa, o foco está na sua formatação e no desenvolvimento para permitir o seu uso. *[No exemplo, isso significaria escolher um livro de computação quântica, pesquisar onde e como pode ser adquirido, e encontrar tempo e/ou dinheiro para comprar, pedir emprestado etc.]*

- **RELEVÂNCIA** – com o protótipo disponível, nesta etapa nos ocupamos em verificar se o valor que ele gera tem ou não relevância para contribuir com a solução idealizada. Se **sim**, damos sequência para a próxima etapa. Se **não**, voltamos para etapa inicial, levando o feedback sobre o teste de relevância como informação adicional para ajudar a direcionar a próxima ideia. É importante observar que os critérios de avaliação do resultado do teste devem incluir não apenas o impacto dos resultados no objetivo desejado, mas também, e principalmente, as suas implicações éticas. Portanto, para conduzir a decisão entre continuar ou reiniciar o processo, é fundamental que se estabeleçam claramente os critérios de avaliação do resultado do teste. Nesse sentido, corremos sempre o risco de nos perdermos nesta etapa, pois é muito fácil permitir que fatores não relevantes ao objetivo afetem o processo, por exemplo, tecnologias da moda e vieses pessoais, como paixão por soluções ou tecnologias pelas quais temos preferência etc. Assim, é necessário que se mantenha sempre em mente o objetivo que se deseja alcançar para balizar a avaliação. *[No meu exemplo, o teste de relevância seria a leitura do livro sobre computação quântica obtido na etapa anterior e a avaliação se o assunto realmente gera valor na minha carreira (objetivo) – quanto esse tópico me permitirá melhorar as habilidades que preciso* *desenvolver? Esse assunto me auxiliará como eu imaginava? Será que ele é técnico demais? Será que existe alguma outra opção mais direcionada a negócios? Será que devo buscar outro livro sobre o assunto ou conversar com alguém que o domine para poder avaliar melhor? Entre os critérios éticos que precisam ser considerados, pode estar a avaliação se todos os recursos necessários para fazer o curso podem ser obtidos de forma ética. Fatores que não deveriam afetar e ou me desviar dos critérios de escolha são, por exemplo, modismos sobre modalidades ou instituições que oferecem o curso. Em outras palavras, o teste de relevância precisa concluir se a ideia escolhida entrega o valor que buscamos no objetivo inicial, e se vale a pena investir e continuar nesse caminho. Se sim, avanço para a próxima etapa com a ideia validada: essa é a meta específica que preciso desenvolver para alcançar o objetivo de inovação. Se não, começo novamente descartando, neste momento, a ideia de fazer o curso. Isso me permite mais rapidamente eliminar soluções ruins e direcionar o processo para escolher uma solução melhor para a inovar na minha carreira. Imaginemos que concluo, pela leitura do livro, que o assunto é bastante relevante para inovar na minha carreira – portanto, a minha ideia de realizar um curso híbrido de computação quântica, com 120 horas de duração em um ano, é a meta que devo implementar.]*

- **APROFUNDAMENTO** – aqui já sabemos que a ideia passou no teste de relevância, e que vale a pena aprofundar a solução nesse caminho, portanto, esta é a **meta** que devemos aprofundar e desenvolver. Assim, nesta etapa avançamos para a aplicação da ideia, gerando o resultado do processo de inovação. No entanto, em ambientes incertos, que mudam constantemente, a solução nunca é final – ela é sempre um passo que nos coloca mais próximos do futuro trilhando um caminho relevante. Portanto, após a implementação, utilizando como feedback as informações sobre os impactos positivos e negativos que a solução trouxe, iniciamos novamente o processo de inovação, para darmos os próximos passos da nossa jornada para liderar o futuro. Se, por um lado, esse método fornece um mapa simples e ágil para inovar, por outro, é da sua repetição que depende a inovação contínua, necessária para nos mantermos em um estado *Future Ready*. *[No exemplo, isso consistiria em eu realizar o curso, e após a sua conclusão, com os conhecimentos adquiridos nesse processo e o valor que ele gerou, volto à etapa inicial – observação –, munida dessas novas informações, para recomeçar o processo para determinar o próximo passo na minha jornada de inovar na minha carreira.]*

TAKEAWAY: 10 PRINCÍPIOS DO *MINDSET* DE INOVAÇÃO

Como inovação é um assunto importante, mas complexo, antes de encerrar o capítulo, destacamos dez princípios que norteiam o *mindset* de inovação. Uma vez internalizados e incorporados ao DNA do nosso modo de pensar, esses princípios nos conduzirão de forma cada vez mais natural a buscar e realizar inovação contínua.

1) FOCO NO HUMANO – todo problema de inovação é, em última instância, um problema humano. Portanto, toda estratégia de inovação deve ser, em sua essência, *human centric*, ou centrada no humano – não na tecnologia, não nas soluções já existentes, não na criatividade, não em qualquer outra coisa. Um processo de inovação que não seja direcionado por questões humanas torna-se míope e com poucas chances de liderar um futuro humano.

2) RISCOS NÃO PODEM SER EVITADOS, MAS PODEM SER CONTROLADOS – estratégias de inovação são importantes e necessárias devido à mudança, que por sua vez aumenta a incerteza e o risco. Se não houvesse incerteza, não existiria risco de errar, e poderíamos, assim, continuar utilizando as soluções que funcionavam no passado. Portanto, o risco é inerente ao processo de inovação. No entanto, nem todo risco é aceitável,

e apesar de riscos não poderem ser evitados, eles podem ser controlados e minimizados por meio da utilização de metodologias – elas permitem avaliar e calcular de antemão os impactos dos erros e seus riscos, para auxiliar a tomada de decisão.

3) O MÉTODO É O MAESTRO QUE CONDUZ A CRIATIVIDADE E A TECNOLOGIA – o que torna a inovação ágil e replicável é o método, não a criatividade ou a tecnologia. No entanto, é comum ver pessoas confundindo criatividade ou tecnologia com inovação. Apesar de serem fundamentais, elas são instrumentos que precisam ser regidos por um método para revelar a sinfonia da inovação.

4) NÃO EXISTE INOVAÇÃO DE GRAÇA – toda e qualquer ideia demanda recursos para se tornar realidade e passar a gerar valor. Portanto, precisamos nos preparar e estar dispostos a investir (tempo, esforço, dinheiro etc.) se desejamos realmente inovar.

5) NEM TODA NOVIDADE É INOVAÇÃO – o que define uma inovação é o valor que ela gera para alguém, e não o seu grau de novidade. O fato de algo ser novo não significa que gere valor, muito pelo contrário, muitas vezes resulta em situações piores ou inúteis. Um exemplo disso são os inúmeros produtos "interessantes" que nos encantam por serem novidades, mas que, depois de comprados, acabamos não utilizando, porque não melhoram a forma como fazemos as coisas.

6) A CÓPIA É A FORMA MAIS SUBUTILIZADA DE INOVAÇÃO – como vimos no método Inovação em Ação, as etapas iniciais são de pesquisa. Muitas vezes, durante o processo investigativo, descobrimos soluções para o nosso problema que já existem em outros contextos: outros lugares, épocas, organizações, utilizadas por pessoas etc. Nesse sentido, desde que respeitemos as questões éticas e direitos autorais e de propriedade, podemos nos inspirar e copiar, em

algum grau, essas soluções que já funcionam em outro contexto (figura 6.8). Esta pode ser a forma mais eficiente e rápida de inovar, pois o conceito já foi provado em algum contexto, podendo se tornar o ponto de partida para o nosso processo de inovação, precisando apenas das adaptações para se adequar à nossa situação. Em outras palavras, em vez de inventar a roda a partir do zero, podemos avançar várias etapas aprendendo com quem já inovou e adaptar para resolver o nosso problema específico. A inovação se torna justamente esse processo de adaptação, gerando uma solução para o nosso contexto. Portanto, inovação não precisa ser uma solução inédita, ou uma invenção. Precisa ser apenas uma nova solução, que agregue **valor inédito** no contexto em que será introduzida.

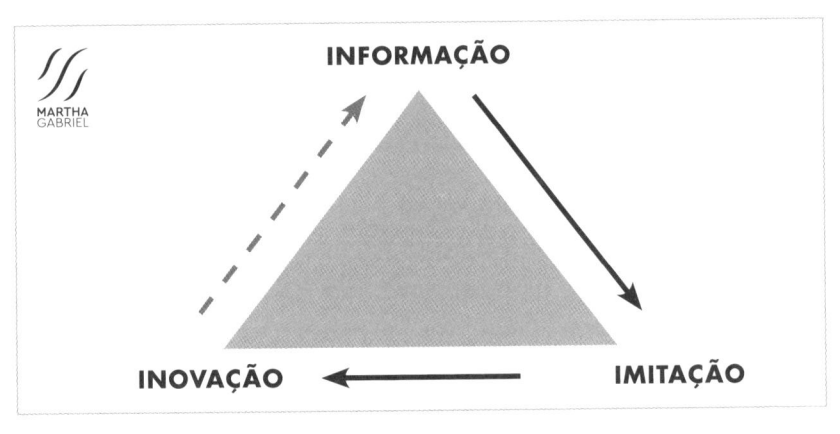

Figura 6.8 – Método Inovação em Ação. Explicação disponível em vídeo do TEDx Talk "A Lagarta e a Borboleta – da criatividade à inovação" que pode ser acessado via QRcode acima ou em: https://www.youtube.com/watch?v=d9oAIsEBcll&t=604s.

7) **Inovação depende de contexto** – voltando ao exemplo da internet mais rápida, do início deste capítulo, vimos que aquilo que é valor

para uma pessoa pode não ser para outra. Imagine agora uma mesma pessoa, um massagista, em contextos diferentes: no trabalho e em casa. Aquilo que não agrega valor para o seu trabalho pode ser bastante valioso para melhorar a sua qualidade de vida em casa – uma internet mais rápida melhora o seu acesso a notícias, entretenimento, educação etc. Quando muda o contexto, mudam os problemas, mudando também aquilo que gera valor em nossas vidas. Portanto, a inovação depende do contexto – prestar atenção nas mudanças de contexto é fundamental para inovar, pois o **valor segue os problemas**. Um exemplo real e drástico disso foi a pandemia Covid-19: de um dia para o outro, o contexto mudou, e, consequentemente, os nossos problemas, transformando instantaneamente aquilo que passou a ter valor.

8) INOVAÇÃO, PARA SER SISTÊMICA, PRECISA DE LIDERANÇA E MÉTODO – muitas vezes, a inovação acontece como um evento isolado, ou por acidente, como temos visto recorrentemente ao longo da história, em casos como a penicilina, o *post-it*, o velcro, entre inúmeros outros. Inclusive, as estatísticas demonstram que 50% das invenções acontecem por acidente[53]. No entanto, contar com acidentes ou o acaso para inovar não é uma boa estratégia, especialmente quando o ritmo de mudança é acelerado e a inovação se torna necessária com frequência. Por isso, se conseguir controlar o processo de inovação e garantir que ela aconteça continuamente e de forma replicável, ela precisa de liderança (para direcioná-la e orquestrá-la) e método para conduzi-la. Quando isso acontece e a metodologia se incorpora no nosso modo de pensar e agir, passamos a contaminar tudo ao nosso redor fomentando naturalmente o processo de inovação e criando, assim, maiores probabilidades de que inovação acidental também aconteça. Se analisarmos as inovações acidentais, provavelmente, a grande maioria aconteceu dentro de um contexto de inovação sistêmica, em que pesquisadores e cientistas estavam inovando em uma

---

53 Ver: https://www.sciencealert.com/the-statistics-say-half-of-all-inventions-happen-by-accident

direção quando, acidentalmente, descobrem outro valor, como são os casos da penicilina e *post-it*, por exemplo.

9) INOVAÇÃO É MAIS DO QUE INVENÇÃO – o conceito de inovação se popularizou intimamente associado a invenções, porque, no passado, a inovação surgia predominantemente do contexto dos laboratórios de P&D (pesquisa e desenvolvimento) das organizações. No entanto, na realidade, invenção é apenas uma das inúmeras formas de inovação, que acontece quando o resultado alcançado é algo inédito. Quando a inovação gera pequenas melhorias naquilo que já existe, ela vai agregando valor de modo incremental e é tão importante quanto a invenção, e muito mais abrangente do que ela. Um exemplo disso é o telefone, que inicialmente foi uma invenção, inédito para a humanidade, mas que precisou de inúmeras inovações incrementais para se transformar no poderoso smartphone que usamos hoje. Portanto, como temos mencionado recorrentemente, o que importa na inovação é o valor que ela gera, não o seu ineditismo ou o grau de novidade que apresenta. Assim, a inovação incremental, ao contrário da invenção, pode (e deve) estar presente no nosso cotidiano, em todas as áreas de nossas vidas, podendo ser praticada por qualquer indivíduo, não requerendo laboratórios ou instrumentos especiais, apenas liderança e método.

10) FOCO NA INOVAÇÃO, NÃO NA DISRUPÇÃO – apesar de o termo disrupção ter se tornado popular nas conversas de negócios na última década, ele frequentemente é usado, equivocadamente, como sinônimo de inovação ou invenção. Isso causa uma confusão no foco da inovação, que deve ser sempre em gerar valor, independentemente de causar, ou não, disrupção[54]. Portanto, disrupção é um fenômeno que acontece no mercado devido ao impacto de uma inovação, que pode ser tanto incremental quanto

---

54 O termo "inovação disruptiva" foi cunhado por Clayton Christensen no final do século XX para descrever o processo pelo qual um produto ou serviço surge a partir de simples aplicações marginais – normalmente mais baratas e acessíveis –, que avançam rapidamente no mercado, dominando-o e causando uma ruptura na dinâmica de funcionamento anteriormente estabelecida. Esse processo é denominado disrupção de mercado. Mais informações: https://en.wikipedia.org/wiki/Disruptive_innovation

uma invenção. Assim, o que determina a disrupção é o **grau de impacto do valor gerado pela inovação no mercado** – quanto maior o impacto nas suas estruturas de funcionamento, maior a disrupção. Um exemplo disso são os aplicativos como Waze, que muito rapidamente transformaram as dinâmicas de navegação, causando profunda ruptura na indústria de aparelhos de GPS. Note-se que o Waze pode ser considerado uma inovação incremental pequena sobre a solução já existente do Google Maps na época, mas o valor que adicionou facilitando a navegação, especialmente nas grandes cidades, foi tão grande, que mudou as regras do jogo, introduzindo um novo paradigma de navegação urbana. Por outro lado, a grande maioria das inovações, incluindo as invenções, não se tornam disruptivas – elas geram valor, transformam as vidas das pessoas, mas não causam rupturas no mercado. Por isso, se o foco da inovação for apenas causar disrupção, ele está embaçado, e provavelmente conduzirá a estratégias com menores chances de sucesso em nos conduzir pela melhor rota para o futuro. Portanto, o nosso dever é inovar continuamente, independentemente do tipo de inovação que estamos realizando, focando apenas o impacto que o valor que geramos tem para conseguir realizar as melhorias contínuas de que precisamos, por menores que sejam, e criando um fluxo positivo de transformação, todos os dias e em todas as dimensões das nossas vidas. Se fizermos isso, essas ondinhas acumuladas de inovação têm o potencial de, eventualmente, gerar um tsunami, que pode resultar em uma invenção ou em uma disrupção.

Com esses princípios em mente e instrumentalizados pelo método estratégico da nossa preferência, vamos para a terceira parte deste livro: desenvolver as habilidades humanas necessárias para liderar e orquestrar a inovação na nossa jornada para o futuro.

PARTE III

HABILIDADES PARA O FUTURO

BATMAN vs SUPER-HOMEM

Vimos como ampliar a nossa visão na Parte I e como alavancar a ambidestria para criar estratégias ágeis de inovação na Parte II. Agora, na Parte III, discutiremos as **habilidades necessárias** para colocá-las em ação.

No entanto, o campo de estudo e desenvolvimento de habilidades e competências humanas é extenso, multidisciplinar e complexo, abrangendo diversas áreas do conhecimento interrelacionadas entre si. Por exemplo, todas as habilidades que abordaremos aqui relacionam-se entre si, dependem do desenvolvimento de outras habilidades, competências e atitudes, e estão presentes em todas as metodologias e estratégias discutidas até o momento.

Portanto, apesar de o nosso objetivo aqui ser a discussão dessas habilidades para o futuro, não temos a pretensão, nem poderíamos ter, de esgotar o assunto. Nesse sentido, optamos por alinhar a abordagem da discussão das habilidades com o escopo deste livro, que é **estratégico**. Dessa forma, você encontrará no próximo capítulo uma análise estratégica da contribuição de cada habilidade relevante para criar um estado de *future ready*, e não uma fórmula de como desenvolvê-las. Portanto, esta parte do livro funciona mais como um **mapa estratégico de habilidades** do que um guia para o desenvolvimento de cada uma. Esse mapa tem como objetivo ajudar a encontrar o caminho, orientando a direção da jornada de desenvolvimento, apontando para as habilidades que devem ser estudadas, desenvolvidas e praticadas para um bom posicionamento para o futuro.

No processo, no entanto, optamos por abrir exceção na discussão de apenas uma habilidade, o **pensamento crítico**, ampliando a discussão para além das suas funções estratégicas e abordando também o seu desenvolvimento. Essa decisão busca oferecer uma estrutura de apoio para facilitar a capacitação nessa competência, que, apesar de vital, infelizmente conta com menos literatura e conteúdos disponíveis aplicados na prática de negócios. Por isso, dedicamos dois capítulos exclusivos para o pensamento crítico.

Dessa forma, a Parte III se divide nos seguintes capítulos:

CAPÍTULO 7: **Future Ready Skills** – discussão estratégica das habilidades para o futuro.

CAPÍTULO 8: **Pensamento Crítico** – fundamentação.

CAPÍTULO 9: **Pensando Criticamente** – desenvolvimento do pensamento crítico.

CAPÍTULO 7 | FUTURE READY SKILLS

"Mude antes que seja preciso."
JACK WELCH

Ao longo do nosso desenvolvimento profissional, todos nós enfrentamos desafios e medos saudáveis, que podem ser usados como excelentes indicadores para o nosso aprimoramento. Quando ocorrem profundas transformações no mundo, que reconfiguram as estruturas do trabalho (como as revoluções tecnológicas), os medos e desafios se ampliam e generalizam, indicando que todo o mercado precisa se aprimorar e evoluir. Prestando atenção às perguntas mais frequentes no cenário profissional e educacional da atualidade, podemos destacar a predominância da preocupação com o futuro: "Quais são as habilidades humanas necessárias para o futuro?", "O que precisamos saber e fazer hoje para termos sucesso amanhã?", "Seremos substituídos por robôs e inteligência artificial?", "Qual o papel dos humanos no futuro do trabalho?", e assim por diante. Essas perguntas revelam uma das principais dores (e desafios) existenciais da humanidade na atualidade: superar a aceleração da obsolescência de habilidades.

Provavelmente, a inquietação geral sobre o prazo de validade de habilidades e de educação é inédita na história humana, pois mesmo com uma velocidade maior de mudança no século XX, o conhecimento durava algumas décadas, tempo suficiente para um indivíduo construir a sua carreira profissional e a vida antes de se aposentar. Assim, sabíamos a fórmula para "dominar" o futuro: fazer os cursos mais adequados para os nossos objetivos profissionais, e pronto, estávamos capacitados. O desafio era apenas escolher entre os inúmeros cursos disponíveis para qualquer tipo de demanda de formação. No processo, confiávamos em especialistas em educação, que criavam a nossa jornada de sucesso – cursos superiores, MBAs e de especializações específicas –, caminho certeiro para o "passaporte" vitalício de profissional qualificado. Era possível planejar uma formação que durava o suficiente para nos garantir até a aposentadoria. Isso funcionou bem até o final do século passado, quando as tecnologias digitais entram em cena, causando um aumento significativo na aceleração da mudança e, consequentemente, da obsolescência do conhecimento adquirido no início da carreira profissional

OBSOLESCÊNCIA DO CONHECIMENTO

Conforme a tecnologia avança, a situação vai se agravando, pois os prazos de validade do conhecimento tornam-se cada vez menores, enquanto o volume de conhecimento criado no mundo passa a ser cada vez maior. Assim, a complexidade para conseguir acompanhar o avanço do conhecimento aumenta, enquanto o valor do conhecimento adquirido diminui. A figura 7.1 mostra o ritmo de obsolescência de cada tipo de conhecimento ao longo do tempo: quanto mais técnico, mais rapidamente perde valor.

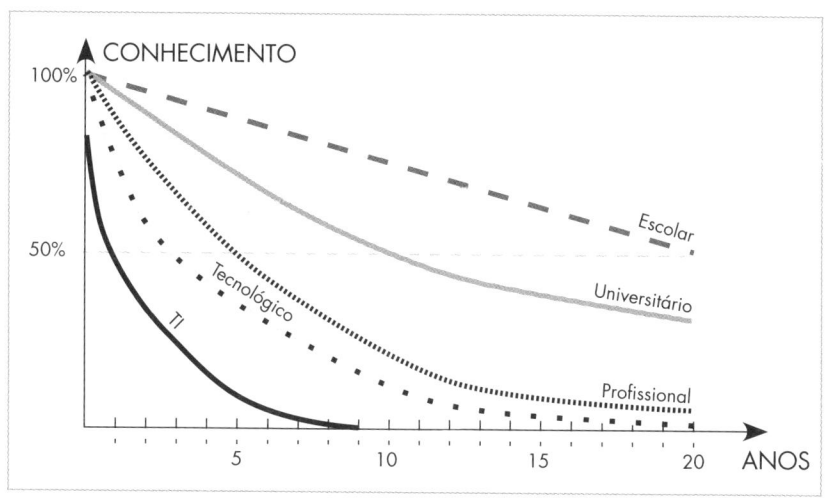

Figura 7.1 – Gráfico representando o ritmo de obsolescência do conhecimento em 1996. Adaptado do original disponível em https://www.researchgate.net/figure/Half-life-time-of-knowledge-based-on-Schueppel-1997_fig1_312225405

Apesar de impactante, a figura 7.1 apresenta dados já antigos, do final do século passado – 1996[55]. De lá para cá, a velocidade da obsolescência tem se intensificado, justificando a preocupação cada vez maior sobre a formação, a educação e o desenvolvimento de habilidades profissionais e humanas para o futuro. Até mesmo a vida útil de segredos e assuntos confidenciais tem encolhido[56] em função dos avanços tecnológicos: no passado, um segredo governamental durava mais de 25 anos; hoje, em função de *hackings* e vazamentos informacionais, esse tempo tem diminuído consideravelmente.

Começamos a perceber, portanto, que nossa formação passada não funciona mais como rocha segura e estável sob os nossos pés, mas, ao contrário, passa a se comportar de forma instável e traiçoeira como areia movediça. Os nossos conhecimentos, formações e conquistas de ontem não conseguem mais garantir os nossos sucessos do amanhã, por isso o nosso apego a eles pode ser perigoso.

---

55 Ver: https://www.researchgate.net/figure/Half-life-time-of-knowledge-based-on-Schueppel-1997_fig1_312225405 e https://www.cbsnews.com/philadelphia/news/americans-use-just-37-percent-of-information-learned-in-school-survey-finds/
56 https://www.justsecurity.org/24823/half-life-secrets/

A DEMANDA POR NOVAS HABILIDADES PROFISSIONAIS

Da obsolescência do conhecimento associada ao aumento da dificuldade de se capacitar devido ao aumento do volume e complexidade de informações, emerge uma escassez de capital humano qualificado no mercado, gerando um fenômeno conhecido como "apagão de talentos"[57], que tem aumentado ano a ano (figura 7.2).

Escassez global de talentos

% de empregadores que reportaram dificuldade em encontrar os talentos om as habilidades que precisavam

2013	2014	2015	2016	2018	2019	2021	2022	2023
35%	36%	38%	50%	45%	54%	69%	75%	77%

Figura 7.2 – Gráfico da evolução da escassez global de talentos entre 2013 e 2023. Fonte: ManpowerGroup. Adaptado do original disponível em: https://go.manpowergroup.com/hubfs/MPG_TS_2023_Infographic_FINAL.pdf.

Esses números apenas reforçam que existe um descompasso evidente entre as capacitações e habilidades profissionais presentes no mercado e as atividades demandadas pelo trabalho emergente. Por um lado, existe uma escassez sensível de cursos adequados e profissionais preparados para atuar no cenário que emerge, cada vez mais complexo e acelerado; por outro lado, conforme a transformação avança na sociedade e nas empresas, a demanda por profissionais qualificados aumenta. A equação não fecha.

Portanto, este contexto cria dois desafios principais de qualificação profissional:

1) Para o indivíduo: a dificuldade de entender o que está acontecendo, manter o foco[58] e conseguir traçar um plano de atualização.

---

57 https://go.manpowergroup.com/talent-shortage
58 Ler: https://www.linkedin.com/pulse/dire%C3%A7%C3%A3o-vs-velocidade-como-encontrar-equil%C3%ADbrio-entre-gabriel-phd/

2) Para o mercado: contratar profissionais capacitados para lidar com as transformações aceleradas e o desafio de conseguir desenvolver novos cursos para uma quantidade crescente de capacitações inéditas necessárias, mas que mudam constantemente. As formações existentes – sejam de graduação, pós, extensão, curta duração ou qualquer outro tipo de curso – também sofrem para conseguir se atualizar na velocidade demandada.

Sabemos, portanto, que algo não está mais funcionando, e isso é um começo. No entanto, para resolver o problema, não é suficiente saber apenas o "que" não funciona – precisamos também entender o "porquê" (causas estruturais que mudaram o funcionamento), para então conseguirmos descobrir o "como" para solucioná-lo (estratégia para funcionar novamente).

O PROFISSIONAL EXPONENCIAL

O nosso cérebro biológico evolui lenta e linearmente e não consegue, assim, acelerar abruptamente o seu desempenho para absorver e processar o volume de conhecimentos que é gerado em um ritmo exponencial e que se transforma vertiginosamente. Já atingimos o ponto de retorno decrescente desse tipo de estratégia: estudamos cada vez mais[59], mas estamos cada vez menos aptos para atuar nesse cenário (vide apagão de talentos, mencionado anteriormente). Esse ritmo tem nos conduzido a um colapso cognitivo biológico – o tempo de validade, a eficiência e produtividade do que sabemos são cada vez menores, enquanto o esforço e a velocidade necessária para a aprendizagem são cada vez maiores.

Isso nos torna impotentes perante o futuro que se apresenta porque temos tentado absorver a explosão tecnológica exponencial com instrumentos de capacitação lineares.

---

59 https://ourworldindata.org/global-education

Imagine um peixe que vive em um rio de águas tranquilas, com poucas variações de temperatura, velocidade do leito e composição. Então, a partir de um determinado momento, o fluxo da água começa a acelerar e a se tornar mais forte gradativamente devido a alguma transformação climática ou geológica, se intensificando ao longo dos anos. Nessa mudança gradativa de contexto, para sobreviver, o peixe vai aprendendo a nadar de outra forma, desenvolvendo habilidades para enfrentar águas mais rápidas e a sobreviver com outros tipos de elementos que são transportados pelo rio – surgem novas plantas, pedras e animais, mas desaparecem também outros com as quais estava acostumado. Nesse contexto, imagine agora que, repentinamente, aconteça um terremoto que cause mudanças abruptas no curso no rio lançando o peixe no mar. Nessa mudança drástica de ambiente, a evolução biológica natural do peixe não consegue mais acompanhar o ritmo necessário para ele conseguir repentinamente viver em águas salgadas e enfrentar ondas. Aqui, ele precisaria de um salto evolutivo ou de alguma solução externa à sua biologia que o auxiliasse para continuar existindo no ambiente que se instaura. No entanto, por mais difícil que seja enfrentar o desafio, se ele conseguir, não apenas sobreviverá, como o seu mundo terá se expandido espetacularmente, pois em vez das limitações do fluxo de um rio, agora ele tem um oceano inteiro para viver. Infelizmente, nenhuma natureza evolutiva tende a dar saltos, e peixes não conseguem desenvolvem soluções estratégicas; mas nós, humanos, sim.

Como o peixe, as águas do nosso rio vêm acelerando gradativamente nos últimos séculos e se transformando devido à tecnologia – nesse processo, fomos evoluindo nos capacitando com novas habilidades para nadar e nos adaptando biologicamente às mudanças nos elementos que surgiam e desapareciam das nossas águas. No entanto, agora, a aceleração das águas tecnológicas se tornou tão grande, que fomos arremessados ao mar salinizados com tecnologias espetaculares como a IA, que, combinada com demais, pode oferecer um oceano de oportunidades para alavancar um Iluminismo Digital para a humanidade, como pode também abrir uma caixa de Pandora, caso não consigamos evoluir e nos adaptar.

Os paradigmas mudaram[60], portanto as regras mudaram – profissionais lineares não conseguem ter sucesso no ambiente tecnológico exponencial. Precisamos abandonar a mentalidade linear (que foca o acúmulo de conhecimento) e desenvolver a mentalidade exponencial que busca as habilidades que transformem os nossos esforços em resultados exponenciais, articulando o conhecimento disponível em cada instante e se apropriando das capacidades e velocidade tecnológicas existentes. Para nos tornarmos esse profissional exponencial, precisamos das habilidades que nos capacitem para isso. Vamos a elas.

HABILIDADES PARA O FUTURO

Vimos anteriormente que, das mudanças de paradigmas abordadas no Capítulo 3 – certeza da incerteza, ampliação da realidade, decisão por antecipação, seleção artificial e sistemas produtivos híbridos – emergem três vetores principais para conduzir a nossa transformação: precisamos de novas capacidades de visão, estratégia e execução. Esses vetores, por sua vez, se estruturam basicamente em dois componentes principais – habilidades humanas e tecnologia, que se misturam simbioticamente na construção de cada um deles.

É dessa relação simbiótica que emerge o estado de *Future Ready*.

Na realidade, esse processo de evolução simbiótica entre humanos e tecnologia não é novo: temos criado diferentes simbioses mecânicas com as tecnologias durante toda a nossa evolução: por exemplo, em vez de nos esforçarmos para desenvolver pernas biológicas cada vez mais rápidas, aprendemos a "pilotar" pernas

---

60 Ver capítulo sobre paradigmas fluidos, na Parte I deste livro.

tecnológicas mais eficientes, como bicicletas e carros (desenvolvendo sistemas simbióticos híbridos homem-tecnologia). Mesmo não possuindo asas, passamos a "voar" simbioticamente com o avião. Para conseguir "enxergar mais" e "mais longe", aprendemos a ver com as lentes dos microscópios e telescópicos, respectivamente. Agora, o que muda é que precisamos aprender a desenvolver também simbioses cognitivas com as tecnologias digitais, "pilotando" uma tecnologia exponencial, acelerada, em um processo colaborativo, de forma que cada parte possa contribuir com o seu melhor, gerando um resultado sustentável maior, sinergético.

A **simbiose/destreza tecnológica** é essa habilidade que combina o potencial das capacidades humanas com o poder da tecnologia. Com a aceleração do ritmo de mudança e o aumento da complexidade tecnológica, a simbiose/destreza tecnológica passa a ser uma das habilidades fundamentais para nos tornar aptos a navegar as transformações, permitindo que nos ampliemos para além das nas nossas limitações biológicas naturais, incorporando o ritmo acelerado da tecnologia, por mais rápido que ele seja.

Enquanto a simbiose/destreza tecnológica refere-se à capacidade de incorporar e utilizar a tecnologia, as demais habilidades de que necessitamos são competências que não dependem intrinsecamente da tecnologia, mas se beneficiam da sua contribuição[61]. Inúmeros estudos são realizados todos os anos para determinar quais competências são mais relevantes para o futuro. Por exemplo, o Fórum Econômico Mundial publica regularmente estudos sobre o futuro do trabalho[62] com a lista das habilidades em ascensão de relevância. Consultorias, universidades, publicações especializadas

---

61 Por exemplo, o pensamento crítico é uma habilidade humana que pode se beneficiar da análise de dados realizada por tecnologia. Portanto, a habilidade de simbiose/destreza tecnológica pode favorecer o pensamento crítico.
62 Exemplos de publicações do Fórum Econômico Mundial sobre Futuro do Trabalho – em 2016 https://www.weforum.org/agenda/2016/03/21st-century-skills-future-jobs-students/], em 2020 [https://www3.weforum.org/docs/WEF_Future_of_Jobs_2020.pdf], em 2023 [https://www.weforum.org/reports/the-future-of-jobs-report-2023/].

e institutos de pesquisa também realizam estudos regulares sobre o assunto, por exemplo: IFTF[63], HBR[64] McKinsey[65], Gartner[66], Accenture[67], Deloitte[68], entre muitos outros. No entanto, as abordagens de cada estudo são diferentes, e como discutimos no capítulo de futurismo, é preciso conciliar perspectivas distintas para adequar os estudos para o nosso objetivo em questão.

Nesse sentido, o nosso interesse neste livro é o desenvolvimento de competências e habilidades estratégicas, que por sua vez abrangem inúmeras competências e habilidades táticas, que não fazem parte do nosso escopo aqui. Por exemplo, saber utilizar o ChatGPT é uma habilidade tática que está dentro da competência estratégica de simbiose/destreza tecnológica. Portanto, analisando esses estudos e combinando-os com o nosso objetivo, elencamos sete habilidades estratégicas fundamentais para desenvolvermos um estado contínuo de *Future Ready*. São elas: pensamento crítico, criatividade, adaptabilidade ágil, colaboração, resiliência, simbio-destreza tecnológica e humanidade. Vamos a elas.

⇒ PENSAMENTO CRÍTICO

> *"Pensar é o trabalho mais difícil que existe. Talvez, por isso, tão poucos se dediquem a ele."*
> HENRY FORD

Pensamento crítico é a habilidade de se obter e filtrar informações para selecionar as relevantes, com o objetivo de compreender, da melhor forma possível, a realidade e direcionar, assim, a tomada de decisões.

---

63 https://legacy.iftf.org/realizing2030-futureofwork/
64 https://hbr.org/2023/09/3-ways-to-prepare-for-the-future-of-work
65 https://www.mckinsey.com/featured-insights/mckinsey-explainers/what-is-the-future-of-work
66 https://www.gartner.com/en/insights/future-of-work
67 https://www.accenture.com/us-en/insightsnew/future-workforce-index
68 https://www2.deloitte.com/content/dam/Deloitte/ca/Documents/consulting/ca-future-ready-workforce-en-aoda.pdf

É o pensamento crítico que nos auxilia a enxergar os paradigmas que nos regem, identificar os sutis sinais de mudança, avaliar as informações que fluem entre as etapas de qualquer metodologia, vencer vieses e balizar tudo isso com valores humanos, para direcionar estratégias e ações. Portanto, é por meio do pensamento crítico que avaliamos e interpretamos o mundo para decidir e agir e, consequentemente, quanto melhor for o nosso pensamento crítico, melhor tende a ser o resultado de como pensamos e agimos.

Por outro lado, a ausência de pensamento crítico tende a nos conduzir a decisões ruins, que, na melhor das hipóteses, apenas não oferecem o melhor caminho possível, mas que, na pior, podem resultar em fracassos, soluções antiéticas, não sustentáveis, prejuízos e, até mesmo, catástrofes.

Portanto, estrategicamente, o pensamento crítico é uma habilidade estrutural essencial para fundamentar todas as nossas decisões, além de direcionar todas as demais habilidades. No entanto, ele é uma habilidade que precisa ser educada, mas infelizmente tem sido negligenciado na educação tradicional do último século. Assim, devido à sua importância gigantesca no cenário atual, e como mencionado anteriormente, dedicaremos o próximo capítulo ao pensamento crítico.

⇒ CRIATIVIDADE

> "A imaginação é mais importante do que o conhecimento."
> ALBERT EINSTEIN

Criatividade é a habilidade que nos permite criar. Ela é a arte de imaginar para conceber. Ela é a mãe do novo – sem ela, não existiria nem arte nem inovação. Sem ela, nós, humanos ainda estaríamos vivendo em cavernas. A criatividade é, portanto, o motor que faz girar a roda da evolução.

Mantendo nosso foco na análise da sua função estratégica, a criatividade é uma habilidade-chave, tanto por estar por detrás de visões e estratégias, como também por se relacionar intrinsecamente com outras habilidades, afetando os seus desempenhos. Assim, avaliando a participação da criatividade na composição do estado *Future Ready*, temos:

- CRIATIVIDADE E O FUTURISMO – estudos de futuros são uma combinação de ciência com imaginação, assim, o desdobramento de cenários e as visões de futuros dependem intrinsecamente da criatividade.

- CRIATIVIDADE E A INOVAÇÃO – em todo e qualquer método de inovação, é necessário ter ideias sobre possíveis soluções a serem validadas, testadas e implementadas. Ideias dependem de criatividade para que possam ser criadas. Portanto, estratégias de inovação seriam impossíveis sem criatividade.

- CRIATIVIDADE E O PENSAMENTO CRÍTICO – veremos mais à frente, no capítulo de pensamento crítico, que saber perguntar é uma das principais habilidades para se obter e analisar informações durante o processo de pensar. Para saber perguntar, é preciso saber imaginar – o pensamento depende tanto da informação disponível quanto da habilidade criativa de imaginar como conectá-la para extrair sentido, retroalimentando o processo de gerar novas perguntas em busca de informações adicionais. Portanto, a criatividade é a força motriz das perguntas que estruturam o pensamento crítico.

- CRIATIVIDADE HÍBRIDA: A HUMANA E A ARTIFICIAL – apesar de a criatividade não ser uma habilidade presente apenas em humanos, antes de os sistemas computacionais surgirem, ela certamente era atribuída exclusivamente a seres vivos[69]. No entanto, a partir da introdução gradativa dos computadores nas nossas vidas,

---

[69] Apesar das plantas não possuírem habilidades cognitivas tipicamente associadas com a criatividade em animais, pois não possuem um sistema nervoso central ou cérebro (necessário para gerar ideias criativas), elas demonstram comportamentos complexos e adaptativos que podem ser interpretados como uma forma de criatividade no contexto da sua sobrevivência e reprodução.

as máquinas passaram a nos auxiliar nos nossos processos criativos por meio do processamento de grandes volumes de dados em alta velocidade, nos permitindo encontrar padrões que o nosso cérebro é incapaz de perceber. Agora, com a ascensão das inteligências artificiais generativas, as máquinas vão além e adquirem também a capacidade de gerar ideias – assim, a criatividade se torna também uma habilidade artificial. Se você já pediu para alguma IA criar um poema sobre um determinado tópico, obtendo um resultado inédito, você experimentou um pouquinho da criatividade das máquinas. E isso é apenas a ponta do iceberg das possibilidades criativas que vêm por aí. No entanto, é importante observar que a natureza da criatividade artificial, das máquinas, é diferente da natureza da criatividade natural, humana. Enquanto no primeiro caso a criatividade é baseada na capacidade de processar rapidamente grandes volumes de informações, no segundo, ela tem um DNA conceitual que envolve diversas habilidades humanas, como compreensão de contexto, ambiguidades, alinhamento com valores, sustentabilidade etc. Assim, as criatividades humana e de máquina têm características distintas e complementares, e, nesse sentido, da união de ambas, surge um novo tipo de criatividade, híbrida entre quantidade e qualidade, muito mais poderosa do que as suas formadoras isoladamente. Portanto, a utilização de tecnologias digitais nos processos criativos é um *game changer* para estratégias que dependam de criatividade.

- **CRIATIVIDADE E SIMBIOSE TECNOLÓGICA** – vimos no capítulo sobre paradigmas que, conforme os computadores entram em cena, eles se integram gradativamente ao sistema produtivo mental no mundo. Essa integração vai automatizando a produção cognitiva, da mesma forma que a introdução das máquinas no século XX passou a automatizar e reconfigurar completamente a produção mecânica. Nesse processo de automatização – seja ele mecânico ou cognitivo –, o polo de valor do paradigma produtivo vai se deslocando do produto final para o seu **sistema de criação**. Antes da automação industrial e da produção em massa, a produção era limitada pela capacidade de trabalho dos indivíduos, mas o produto era único, pois incorporava a criatividade e o modo de produção do seu criador, um artesão. Conforme as máquinas passam a automatizar a produção mecânica, torna-se muito fácil obter uma grande quantidade de produtos, mas todos iguais. No processo de automatização, o valor da diferenciação, qualidade e características essenciais do produto se deslocam do produto em si para o processo da sua criação, que alimenta o sistema de produção. Um artesão não consegue produzir para competir em volume com as máquinas, mas ele passa a ser necessário para criar os conceitos que serão usados no processo de produção. Quanto melhor o artesão na origem do processo, melhor a produção. Ou seja, conforme a automação avança em um sistema produtivo, o polo de valor desse sistema vai se deslocando da ponta (produto final) para a origem (processo criativo). Portanto, quanto mais máquinas e computadores em um sistema, maior a produção em escala, mas o diferencial passa a ser o processo de criação – a melhor ideia, o melhor conceito, a melhor concepção, a melhor integração, em suma, o valor passa para a criatividade na origem do sistema. Apesar de isso já estar acontecendo nos sistemas de produção mecânicos há quase um século, esse deslocamento de valor é um processo novo nos sistemas produtivos mentais, pois passa a acontecer de forma perceptível somente após a popularização do ChatGPT, que inaugura, em 2023, a democratização da automação da produção cognitiva. Isso coloca em xeque o sistema de valor da produção intelectual em vigência, que residia no produto final da criação cognitiva (a obra, produção musical, textual, visual etc.) e vai passando gradativamente para a origem do sistema de criação – ou seja, a intenção criativa. Por isso, provavelmente, em vez de registrar obras intelectuais, possivelmente passaremos a registrar prompts, da mesma forma que no sistema mecânico, em vez de assinar unidades produzidas, passou-se a se registrar patentes. Portanto, no novo paradigma de produção híbrido, na simbiose humano-tecnológica o valor da produção cognitiva passa a ser cada vez mais determinado pela criatividade da intenção: o prompt. Assim, a simbiodestreza tecnológica está cada vez mais intimamente conectada com a criatividade, mas aplicada em outras dimensões do processo produtivo mental, cognitivo.

⇒ ADAPTABILIDADE ÁGIL

> *"Não é o mais forte que sobrevive, nem o mais inteligente, mas aquele que melhor se adapta às mudanças."*
> LEON C. MEGGINSON[70]

Adaptabilidade e agilidade são competências cruciais para a inovação e a evolução, tornando-se particularmente mais críticas em cenários de mudança acelerada e incerteza crescente, como o atual.

No entanto, enquanto a adaptabilidade refere-se à capacidade de um indivíduo, grupo ou organização de **ajustar-se a mudanças** ou novidades no ambiente, a agilidade, por outro lado, refere-se à capacidade de se **adaptar rapidamente**.

Graças à adaptabilidade humana, conseguimos evoluir – nosso cérebro se transforma com a neuroplasticidade, nosso corpo se transforma com o uso, nossas ideias, cultura, percepções se transformam com a educação. Tem sido assim desde as nossas origens e tem funcionado

---

[70] Essa frase foi proferida por Leon C. Megginson, professor da Louisiana State University, em seu discurso em 1963, em que apresenta a sua interpretação da ideia central de *A Origem das Espécies* de Charles Darwin.

até aqui, mas lentamente. Agora, não mais. Para continuar funcionando, a adaptabilidade precisa adquirir também rapidez, pois a fórmula da mudança hoje tem um componente adicional: a velocidade. Portanto, a adaptabilidade precisa se tornar ágil.

Mas tanto a adaptabilidade quanto a agilidade são competências formadas por inúmeras outras habilidades e atitudes.

Por exemplo, a adaptabilidade depende de competências e atitudes como: **flexibilidade** para ajustar pensamentos, comportamentos e ações; **resiliência** para se recuperar de adversidades; **aprendizado contínuo** (disposição para aprender e se atualizar); **proatividade** para se antecipar às mudanças; **tolerância à incerteza** para conseguir funcionar efetivamente mesmo quando não se tem todas as informações; **mente aberta** (disposição para aceitar novas ideias).

A **agilidade**, por sua vez, envolve: **flexibilidade** para ajustar pensamentos, comportamentos e ações; **entrega incremental** de valor para permitir feedback rápido e aumentar a velocidade; colaboração para permitir compartilhar conhecimento para acelerar o processo de adaptação; **simplicidade** para focar a mudança daquilo que realmente agrega valor ao processo e evita desperdícios; **melhoria contínua** para aprimorar processos e práticas.

Assim, adaptabilidade e agilidade são inter-relacionadas e compartilharem alguns elementos similares – como a reação à mudança e a valorização do aprendizado contínuo. No entanto, apesar disso, elas são conceitos distintos, com focos e escopos complementares entre si. A adaptabilidade tem um foco amplo, relacionado com a capacidade de lidar com qualquer tipo de mudança, seja ela prevista ou não. Já a agilidade tem foco na entrega rápida e interativa de valor, com ênfase em ciclos curtos e feedback constante. Portanto, a adaptabilidade ágil combina a adaptação à mudança de longo prazo com ciclos curtos para garantir rapidez e eficiência no processo.

A adaptação à mudança, por sua vez, pode ser necessária devido a inúmeros tipos de gatilhos. Pensando no nível do indivíduo, John C Maxwell, autor do livro *Failing Foward: turning mistakes into stepstones for success*, elenca quatro razões pelas quais as pessoas mudam:

"As pessoas mudam quando sofrem o suficiente e precisam mudar;
quando aprendem o suficiente e querem mudar;
quando veem o suficiente e se inspiram para mudar;
quando ganham o suficiente para que possam mudar."
– John C Maxwell[71]

Já no caso de sistemas ou organizações, os gatilhos de mudança são mais diversos e complexos, pois envolvem grupos de indivíduos e demandas organizacionais.

Porém, tanto em um caso quanto no outro, frequentemente, um dos maiores obstáculos que enfrentamos não é o desenvolvimento de novas habilidades, mas o apego por aquelas que já dominamos ou possuímos. Assim, desapego é um dos principais catalisadores estratégicos para a adaptabilidade ágil.

Buda nos ensina que "o apego é a raiz de toda mágoa". Podemos dizer aqui, que ele é também o maior inimigo para nos desenvolvermos. A adaptabilidade ágil não se importa com aquilo que somos, e sim, com aquilo que necessitamos mudar para nos transformarmos rapidamente naquilo que precisamos ser.

⇒ COLABORAÇÃO

Vimos nos capítulos anteriores que um dos efeitos da aceleração da mudança é o crescimento no volume de informação, conhecimentos,

---

71 A frase original de Maxwell não inclui o "enxergam o suficiente", que ele acrescenta posteriormente no vídeo disponível em: https://www.instagram.com/reel/Cmg4I02Dn6G/?igshid=MDJmNzVkMjY=

tecnologias, que consequentemente aumentam a **complexidade** no mundo. Nesse tipo de contexto, soluções baseadas em hierarquias de comando tendem a não funcionar mais, requerendo colaboração e distribuição de poder para darem resultados.

Uma analogia que nos ajuda a enxergar esse fenômeno é a comparação do funcionamento entre a aranha e estrela do mar, descrita no livro *The Starfish and the Spider*, de Ori Brafman e Rod Backstrom. A aranha é um animal com estrutura hierárquica de funcionamento, em que a cabeça comanda o corpo. Se você corta a cabeça, a aranha morre. Entretanto, a estrela-do-mar é um animal com estrutura de comando complexa, distribuída ao longo do corpo. Se você a cortar ao meio, ela não apenas não morre como se regenera e nascem duas. Assim, ao tentar vencer problemas complexos com estratégias tradicionais, não apenas não conseguimos solucioná-los como, principalmente, tendemos a piorá-los.

Um exemplo real[72] para ilustrar a diferença entre organizações hierárquicas centralizadas (aranhas) e descentralizadas complexas (estrelas-do-mar) foi a conquista espanhola das Américas. Os europeus, liderados por Hernán Cortés, conseguiram derrotar rapidamente o império asteca ao capturar o seu líder, Moctezuma – como eles eram centralizados, a sua estrutura organizacional entrou em colapso. Em contraste, quando os europeus tentaram subjugar os índios Pueblo, que possuíam estrutura social descentralizada, a resistência continuou, mesmo depois de muitos líderes terem sido capturados ou mortos. Sem um líder central ou estrutura, a organização descentralizada pode continuar a operar e se adaptar, tornando-a mais resistente a ataques externos.

Uma situação mais recente que demonstra a ineficiência de estratégias hierárquicas perante ambientes complexos é o surgimento da indústria digital de música. Até o início do século XXI, a

---

[72] Citado no livro "*The Starfish and the Spider*, de Ori Brafman e Rod Backstrom.

indústria de música foi dominada por grandes gravadoras que controlavam a produção, distribuição e venda de música (aranhas). No entanto, com a ascensão das tecnologias digitais e plataformas de compartilhamento de arquivos, como o Napster, um modelo descentralizado (estrela-do-mar) emergiu. Essas plataformas permitiam que os usuários compartilhassem músicas entre si, contornando as estruturas tradicionais das gravadoras. A indústria tentou combatê-las por meio de estratégias tradicionais de processos legais, que não apenas não solucionaram o problema como o agravaram, pois, cada vez que um serviço de compartilhamento era fechado, um novo, ainda melhor, surgia no lugar. Nessa guerra, quem saiu vencedora foi uma empresa fora da indústria de música, que viu uma oportunidade emergindo dessa transformação: a Apple. Em vez de brigar com a complexidade do sistema descentralizado, ela introduziu o iPod e o iTunes, criando assim, estrategicamente, uma plataforma que oferecia recursos para extrair valor da descentralização e da complexidade por meio da participação de todos.

Em ambientes complexos, portanto, as estratégias vencedoras emergem da colaboração, e não do controle hierárquico. Por isso, quanto mais complexo o mundo se torna, mais relevante passa a ser a habilidade de saber colaborar. Vejamos.

De forma geral, complexidade é o estado de possuir muitas partes interrelacionadas, o que dificulta a sua compreensão ou solução. Nesse sentido, a colaboração é uma das habilidades que mais nos favorece, pois ela promove a troca de informações e conhecimentos entre indivíduos, grupos ou organizações, que possuem visões e expertises distintas, possibilitando melhorar a compreensão das partes para solucionar o todo. Esse processo é favorecido pela diversidade entre os colaboradores, pois quanto mais diversos forem os perfis colaborando, mais perspectivas distintas são adicionadas para contribuir na compreensão e resolução. Isso não apenas ajuda a vencer a complexidade, como as soluções geradas por meio de colaboração tendem a ser melhores, por considerarem múltiplos pontos de vista, enriquecendo a obtenção de informações para a tomada de decisão.

A colaboração refere-se ao ato de trabalhar conjuntamente com outros para alcançar um objetivo comum e, para tanto, envolve a partilha de conhecimentos, recursos e responsabilidades para realizar tarefas e solucionar problemas. Para tanto, a colaboração depende de inúmeras outras habilidades e atitudes, como:

- **COMUNICAÇÃO** – capacidade de expressar ideias claramente e de ouvir atentamente, tanto na modalidade verbal quanto na escrita.
- **ESCUTA ATIVA** – capacidade não apenas de ouvir, mas de compreender e interpretar a mensagem do interlocutor, fazendo perguntas quando necessário e demonstrando empatia.
- **EMPATIA** – capacidade de entender e considerar as perspectivas, sentimentos e necessidades dos outros.
- **FLEXIBILIDADE** – abertura a novas ideias e disposição para adaptar-se à medida que as circunstâncias mudam.
- **GESTÃO DE CONFLITOS** – habilidade de reconhecer, abordar e resolver disputas de maneira construtiva.
- **TRABALHO EM EQUIPE** – capacidade de compreender o valor de cada membro da equipe e saber como contribuir de forma produtiva para o grupo.
- **RESPONSABILIDADE PESSOAL** – capacidade de assumir responsabilidade pelas próprias ações e pelo sucesso ou fracasso da colaboração.
- **TOMADA DE DECISÃO CONJUNTA** – capacidade de trabalhar com outros para chegar a conclusões ou decisões compartilhadas.

- **Habilidades interpessoais** – capacidade de construir relacionamentos positivos, respeitar os outro e trabalhar bem em um ambiente de equipe.

- **Organização e planejamento** – capacidade de coordenar esforços, definir metas claras e planejar como alcançá-las.

- **Habilidades de feedback** – capacidade de dar e receber feedback de maneira construtiva visando a melhoria contínua e a resolução de problemas.

- **Conhecimento específico** – conhecimento necessário para contribuir no processo de colaboração.

- **Respeito e valorização da diversidade** – capacidade de respeitar e valorizar diferentes culturas, pontos de vista e experiências.

- **Negociação** – habilidade necessária para encontrar um meio-termo ou compromisso para avançar.

- **Pensamento crítico** – capacidade para avaliar informações, reconhecer premissas e usar a lógica para tomar decisões em conjunto.

Portanto, a colaboração tem o seu desenvolvimento integrado com inúmeras outras habilidades e conhecimentos e requer esforço atento ao contexto e contínuo para que se realize.

⇒ RESILIÊNCIA

> "Não é sobre esperar a tempestade passar,
> mas aprender a dançar na chuva." [73]

A palavra resiliência vem do termo latino "resilire", que significa "voltar atrás" ou "reverter". Originalmente, no contexto da física,

---

[73] Essa citação é frequentemente atribuída a diversos autores, dificultando identificar a origem.

o termo refere-se à capacidade de um material retornar à sua forma original após ser submetido a algum tipo de deformação quando o agente transformador é removido. Um material resiliente, portanto, é aquele que pode sofrer uma deformação e, depois, voltar ao estado original sem qualquer dano permanente, como as molas.

Na psicologia e nas ciências sociais, o conceito de resiliência foi adaptado para descrever a **capacidade humana** de enfrentar, superar e emergir fortalecido de adversidades ou traumas. Assim, uma pessoa resiliente é alguém que, diante de dificuldades, consegue se recuperar e, muitas vezes, crescer pessoal e emocionalmente com a experiência. Daí o uso frequente da frase "O que não me mata me fortalece"[74], para expressar a ideia de que as adversidades e desafios enfrentados podem servir para fortalecer a resiliência e o caráter de uma pessoa.

A resiliência torna-se assim uma habilidade essencial em períodos de grandes transformações, pois capacita os indivíduos a se adaptarem melhor às mudanças e desafios. Além disso, ela traz benefícios pessoais[75] que vão além da sobrevivência à mudança, contribuindo também para a saúde mental, o crescimento pessoal, relações saudáveis e recuperação de adversidades[76].

No âmbito **corporativo**, a resiliência refere-se à capacidade de uma organização ou negócio de antecipar, preparar-se, responder e se adaptar a mudanças abruptas, adversidades ou crises, mantendo suas funções essenciais e se recuperando de forma eficaz. Isso inclui a habilidade de enfrentar e se adaptar a interrupções econômicas, desastres naturais, mudanças no mercado, crises tecnológicas, entre outras.

---

74 Frase de Nietzsche, em sua obra *Crepúsculo dos Ídolos*.
75 Ver https://www.gse.harvard.edu/ideas/usable-knowledge/15/03/science-resilience
76 https://uprisehealth.com/resources/the-relationship-between-resilience-and-mental-health/

Considerando o contexto atual, altamente desafiador, criado pelas transformações contínuas que a velocidade acelerada de mudança impõe, a resiliência – tanto individual quanto corporativa – é uma habilidade estratégica cada vez mais relevante para conseguirmos avançar, funcionando como a base sólida sobre a qual todas as outras habilidades são construídas.

No entanto, o processo para desenvolver ou fortalecer a resiliência é desafiador, pois ela é determinada por inúmeros fatores estruturais que constituem um indivíduo ou organização, requerendo esforço consciente e constante para mudá-los. No contexto individual, esses desafios incluem: experiência de vida[77], fatores biológicos[78], ambiente e suporte social[79], habilidades de enfrentamento[80], crenças e atitudes[81], traumas e saúde mental[82], educação e conhecimento[83], estilo de vida e hábitos[84], flexibilidade cognitiva[85], expectativas irrealistas[86] etc. No corporativo, podemos citar como elementos desafiadores: as mudanças rápidas no mercado, gestão

---

[77] Algumas pessoas enfrentaram adversidades significativas desde cedo na vida, o que pode tornar mais difícil para elas desenvolverem uma mentalidade resiliente. Elas podem ter aprendido a reagir às situações com medo, ansiedade ou desesperança, em vez de com resistência e otimismo.
[78] Algumas pessoas podem ser geneticamente predispostas a reagir mais fortemente ao estresse ou a ter dificuldade em se recuperar de experiências negativas.
[79] Um ambiente de apoio pode ajudar na construção da resiliência, mas nem todos têm acesso a um sistema de apoio sólido. Isso pode incluir família, amigos, comunidade ou serviços de saúde mental.
[80] A resiliência muitas vezes envolve habilidades de enfrentamento eficazes. Se alguém não teve a oportunidade de aprender ou praticar essas habilidades, pode achar mais difícil lidar com o estresse e os desafios.
[81] A maneira como uma pessoa vê o mundo e a si mesma pode impactar sua resiliência. Crenças limitantes, pessimismo e uma mentalidade fixa podem impedir alguém de ser resiliente.
[82] Experiências traumáticas e questões de saúde mental podem afetar a capacidade de uma pessoa de ser resiliente. Traumas não resolvidos, depressão, ansiedade e outros problemas de saúde mental podem tornar mais difícil enfrentar e se recuperar de adversidades.
[83] Algumas pessoas podem simplesmente não ter sido ensinadas ou expostas a conceitos de resiliência. A falta de educação sobre como desenvolver resiliência pode ser um obstáculo.
[84] Fatores como falta de sono, má alimentação, falta de exercício e uso de substâncias podem impactar negativamente a resiliência.
[85] A capacidade de adaptar o pensamento e as perspectivas a novas informações ou situações é crucial para a resiliência. Pessoas com menor flexibilidade cognitiva podem ter mais dificuldade em se adaptar a mudanças e desafios.
[86] Ter expectativas irrealistas sobre a vida ou a si mesmo pode levar à decepção e à dificuldade em se recuperar de contratempos.

de riscos inadequada[87], deficiências na comunicação interna e externa[88], falta de flexibilidade e agilidade[89], liderança e cultura organizacional[90], recursos financeiros limitados[91], tecnologia e infraestrutura[92], gestão de talentos[93], pressões externas[94], planejamento de sucessão e continuidade de negócios[95], gestão da cadeia de suprimentos[96], responsabilidade social corporativa[97] etc. Para superar esses desafios, as empresas podem se beneficiar de uma abordagem estratégica, adaptável e proativa para desenvolver a resiliência, focando áreas como gestão de riscos, planejamento de contingência, comunicação eficaz, desenvolvimento de liderança, cultura organizacional e inovação contínua.

No nível individual, apesar dos desafios, a resiliência é uma habilidade que pode ser aprendida, desenvolvida e fortalecida ao longo do tempo com prática e apoio, por meio de estratégias como:

- **RELAÇÕES SOCIAIS**: participar de ambientes em que a cultura é resiliente favorece o desenvolvimento da resiliência, como é o caso dos contextos de prática de esportes e exercícios.

---

87 Avaliar e gerenciar riscos de forma eficaz é fundamental para a resiliência. Algumas empresas podem ter dificuldade em identificar riscos potenciais ou em implementar planos de contingência adequados.

88 A falta de comunicação clara e eficaz dentro da empresa e com as partes externas pode levar a mal-entendidos, problemas de alinhamento e resposta lenta a crises.

89 Organizações muito rígidas em suas operações e estratégias podem ter dificuldade em se adaptar a mudanças repentinas ou inesperadas.

90 Uma liderança ou uma cultura organizacional que não valoriza a aprendizagem, a inovação e a adaptação pode impedir o desenvolvimento da resiliência. A liderança precisa modelar e incentivar a resiliência.

91 A falta de recursos financeiros pode dificultar a capacidade da empresa de se adaptar ou se recuperar de contratempos.

92 Dependência excessiva de sistemas de tecnologia sem planos de *backup* adequados pode ser um grande risco. Interrupções tecnológicas podem ter impactos significativos na operação.

93 Falta de investimento no desenvolvimento de talentos e na construção de equipes resilientes pode afetar a capacidade da empresa de lidar com desafios.

94 Fatores como regulamentações governamentais, concorrência intensa e mudanças climáticas podem adicionar camadas de complexidade e incerteza.

95 Falta de planejamento de sucessão e planos de continuidade de negócios pode deixar a empresa vulnerável a interrupções inesperadas.

96 Desafios na cadeia de suprimentos, especialmente em um contexto global, podem ter impactos significativos na operação e lucratividade da empresa.

97 As organizações também enfrentam a pressão de manter práticas sustentáveis e socialmente responsáveis, o que pode ser um desafio adicional.

Cultivar relações com amigos e familiares que fornecem suporte emocional e prático também favorece a resiliência, pois eles podem funcionar como um amortecedor contra o estresse.

- **AUTOCUIDADO**: praticar autocuidado, incluindo atividades físicas regulares, alimentação saudável, sono adequado e práticas de relaxamento como meditação ou ioga melhoram as capacidades de saúde para suportar desafios, atributo fundamental para aumentar a resiliência.

- **RESOLUÇÃO DE PROBLEMAS**: desenvolver habilidades de resolução de problemas e tomar decisões de forma ativa, em vez de evitá-los, permite uma melhor performance no enfrentamento de adversidades, portanto, nos tornando mais resilientes.

- **AUTOCONHECIMENTO**: conhecer os nossos pontos fortes e fraquezas, e entender como reagir ao estresse aprendendo estratégias para lidar com ele, permitem calibrar expectativas e melhorar o desempenho no que for necessário para lidar com situações desafiadoras, contribuindo, dessa forma, para o aumento da resiliência.

- **APRENDIZADO CONTÍNUO**: a aprendizagem contínua nos torna aptos a lidar com as transformações e mudanças, favorecendo, assim, a resiliência. Nesse sentido, a simbiodestria é um dos aprendizados mais significativos, pois a tecnologia pode oferecer recursos valiosos para o aumento da resiliência individual – ela pode contribuir para melhorarmos todas as estratégias para fortalecer a resiliência: as relações sociais (ex: sistemas de redes sociais, networking etc.), autocuidado (ex: aplicativos de monitoramento do sono, exercícios, alimentação, meditação etc.), resolução de problemas (ex: cursos online, networking etc.), autoconhecimento (ex: sistemas inteligentes de autoavaliação, meditação, acompanhamento terapêutico etc.) e aprendizagem contínua (ex: cursos online, aplicativos de educação, redes de apoio etc.).

Apesar de a resiliência ser indubitavelmente útil e um traço altamente adaptativo, por outro lado, o excesso de resiliência pode ser problemático[98] pois pode tornar as pessoas excessivamente tolerantes à adversidade. Isso pode levar os indivíduos a suportar situações de trabalho tediosas ou desmoralizantes por mais tempo do que necessário. Além disso, o excesso de resiliência pode afetar a efetividade da liderança e, consequentemente, de times e, eventualmente, da organização – múltiplos estudos sugerem que líderes ousados demais são inconscientes de suas limitações e superestimam suas capacidades correntes de liderança e performance, tornando-se rigidamente ou delirantemente resilientes e fechados para informações que poderiam ser imperativas para solucionar, ou ao menos melhorar, a sua fraqueza comportamental.

Assim, "**resiliência excessiva**" refere-se a essas situações em que a pessoa ou organização se esforça tanto para ser resiliente que acaba **negligenciando outras necessidades importantes**, como bem-estar emocional, descanso ou adaptação estratégica. Em algumas situações, a tentativa de se manter sempre forte ou constantemente se adaptar a situações adversas sem descanso adequado pode levar a exaustão, estresse crônico ou resistência a mudanças necessárias. Nesse sentido, algumas estratégias podem ser utilizadas para mitigar os efeitos negativos do excesso de resiliência. No caso de indivíduos, essas iniciativas incluem: consciência dos limites da resiliência[99], equilíbrio entre trabalho e lazer[100], descanso adequado[101], pedir ajuda[102] e reavaliação

---

98 Ver https://hbr.org/2017/08/the-dark-side-of-resilience
99 Reconhecer que ser resiliente não significa ser invulnerável, entendendo e aceitando os próprios limites.
100 Priorizar um equilíbrio saudável entre trabalho e vida pessoal inclui tempo para relaxamento, hobbies e conexões sociais.
101 Garantir descanso e recuperação adequados, pois são essenciais para manter a saúde mental e física, além da própria resiliência.
102 Não hesitar em buscar apoio de amigos, familiares ou profissionais quando necessário.

de expectativas[103]. Para organizações, podemos citar: cultura de bem-estar[104], reconhecimento de sinais de esgotamento[105], flexibilidade[106], feedback e comunicação[107], priorização estratégica[108].

Portanto, resiliência não deve ser sobre negar vulnerabilidades ou ignorar necessidades emocionais e físicas, mas, sim, sobre equilibrar força e adaptabilidade com autocuidado e apoio.

⇒ SIMBIODESTREZA TECNOLÓGICA

> *"Tecnologia é como honestidade, quem não tem não sabe o que é."*
> MARTHA GABRIEL

A função da tecnologia, desde o início da nossa história, é ampliar as capacidades humanas. Ela é o conjunto de técnicas, ferramentas e métodos usados para resolver problemas tornando as tarefas mais fáceis, rápidas ou eficientes. Por exemplo, a roda acelera as pernas, a lança estende os braços, o telescópio amplia a visão.

A razão de existir da tecnologia, portanto, é, e sempre foi, nos permitir realizar tarefas e conquistar desafios que vão além das nossas competências biológicas naturais. Nesse processo, o avanço da tecnologia ao longo da nossa evolução foi

---

103 Ajustar expectativas e reconhecer que nem todas as situações exigem uma resposta resiliente, pois alguns cenários podem requerer mudanças ou até a aceitação de que certos aspectos estão fora do controle.
104 Fomentar uma cultura organizacional que valorize o bem-estar dos funcionários tanto quanto a produtividade e a resiliência.
105 Atenção aos sinais de esgotamento entre os colaboradores e tomar medidas para abordá-los, como oferecer folgas ou apoio em saúde mental.
106 Permitir flexibilidade no trabalho, considerando que diferentes funcionários podem ter diferentes limites e necessidades.
107 Encorajar uma comunicação aberta e honesta sobre as dificuldades enfrentadas pelos funcionários e responder adequadamente a esses feedbacks.
108 Avaliar constantemente objetivos e estratégias para garantir que a organização não esteja apenas resistindo, mas também fazendo escolhas estratégicas efetivas.

gradativamente nos oferecendo mais poder e controle sobre o mundo ao nosso redor: acesso à informação, comunicação, educação, simulação e treinamento, aumento de produtividade, velocidade, acessibilidade, solução de problemas complexos etc.

Nesse sentido, todas as habilidades humanas podem se beneficiar da tecnologia, desde que saibamos usá-la ou incorporá-la. Ela tanto pode ser utilizada (como um teclado) ou vestível (*wearable*, como os óculos de realidade virtual ou mista), quanto, literalmente, incorporada, como implantes em um ciborgue. A habilidade de destreza tecnológica nos permite utilizar a tecnologia, enquanto a capacidade de simbiose tecnológica possibilita nos misturarmos com ela, vestindo ou incorporando, quando possível e necessário.

No entanto, para desenvolvermos essa jornada de simbiodestreza tecnológica, é necessário, antes, conhecer e compreender a tecnologia conforme ela avança. E esta não é uma tarefa fácil. A aceleração da mudança, que traz dois desafios principais: 1) rápida transformação tecnológica; e 2) multiplicidade e crescimento tecnológico (quanto mais a tecnologia acelera, maior o volume e a variedade de tecnologias que se inter-relacionam). Isso demanda um esforço contínuo para acompanhar as mudanças tecnológicas.

Assim, dentre todas as habilidades, a **simbiodestreza tecnológica** é uma das mais desafiadoras, pois precisa se transformar continuamente para conseguir acompanhar o ritmo alucinante da evolução tecnológica. Nesse sentido, visando complementar a discussão estratégica que trazemos aqui, recomendo a leitura de dois livros que oferecem o letramento nas principais tecnologias emergentes: os *best-sellers* **Você, Eu e os Robôs** e **Inteligência Artificial: do zero ao metaverso**.

⇒ HUMANIDADE

> *"Uma sociedade é apenas tão avançada quanto o seu tratamento dos mais fracos e incapacitados."*
> – NASSIM TALEB

Logicamente, ser "humano" não deveria ser uma habilidade, e sim uma configuração natural humana. No entanto, se observarmos atentamente, aquilo que nos caracteriza como humanos tem variado ao longo da nossa história.

Houve uma época em que inúmeras características e funcionalidades nos diferenciavam das máquinas. Entre elas, apenas os humanos falavam, escutavam, enxergavam, calculavam, jogavam, tocavam, dançavam, tinham criatividade, escreviam, desenvolviam tecnologia, programavam, trabalhavam, se reproduziam etc. Com a nossa evolução, fomos gradativamente compartilhando alguns elementos da nossa "humanidade" com a tecnologia, e hoje as máquinas também falam, escutam, enxergam, calculam, jogam, escrevem, criam, dançam, trabalham, se reproduzem, entre inúmeras outras funcionalidades.

Assim, as máquinas estão realizando cada vez mais atividades que eram tidas como características humanas. Nesse sentido, aquilo que define a nossa humanidade deve ser algo além daquilo que conseguimos realizar, algo que esteja incorporado na intenção da ação e não na capacidade de agir. Conseguir realizar é uma coisa, realizar com humanidade é outra.

Portanto, para definir qualquer coisa como "humana", a sua intenção e realização deve incorporar valores humanos. É isso que define a humanidade, e é isso que precisamos garantir em qualquer intenção, projeto, tecnologia, atos e realizações – sejam eles realizados por humanos ou máquinas.

Valores humanos referem-se a qualidades, princípios e padrões éticos que são considerados desejáveis e benéficos para a coletividade e para o indivíduo. Eles servem como guias para o comportamento e tomada de decisão, influenciando as nossas ações, atitudes e relações com os outros. Alguns exemplos de valores humanos incluem honestidade, respeito, compaixão, justiça, amor, integridade, igualdade, responsabilidade, além de muitos outros.

A promoção e a disseminação de valores humanos são essenciais para a criação de sociedades justas, harmoniosas, progressistas. Por isso, a habilidade "humanidade" aqui refere-se à incorporação de valores humanos não apenas em indivíduos e organizações humanas, mas, também, nas máquinas – isso é o princípio fundamental para garantir a nossa sustentabilidade futura.

MODELO DE DESENVOLVIMENTO: BATMAN VS SUPER-HOMEM

Conhecer as habilidades *Future Ready* é importante para direcionar o processo de aprendizado e desenvolvimento. No entanto, isso é somente o primeiro passo na jornada para liderar o futuro – entre o "saber" e o "ser" existe um movimento de transformação que requer planejamento, dedicação e prática contínua.

Assim, por um lado, é necessário investir disciplina e esforço para que esse processo efetivamente se realize. Por outro, no entanto, o retorno tende a ser muito maior do que o empenho investido. Conforme vamos adquirindo mais capacidades, as habilidades se somam e complementam simbioticamente, em uma dinâmica sinergética, que, combinada com o uso de tecnologias sofisticadas, nos torna cada vez mais poderosos. Esse modelo de desenvolvimento, direcionado, passo a passo, gradativo, simbiótico, sinergético, se apropriando da melhor tecnologia disponível em cada momento, tem o potencial de transformar um ser humano comum em um indivíduo superpoderoso. Não é sobre saltos, mas constância; não é acaso, mas direção, estudo, análise; não é de graça, mas conquistado.

Para efeito ilustrativo, gosto de comparar esse método de desenvolvimento humano com o processo utilizado pelo Batman[109] para se tornar super. Enquanto o Super-Homem já nasceu com superpoderes, o Batman, por outro lado, teve que conquistá-los: ele é um humano, que possui apenas habilidades humanas comuns, como qualquer outra pessoa. No entanto, por meio da combinação do desenvolvimento de habilidades e tecnologia, ele vai adquirindo poderes. Por exemplo, desde o início da sua história, ele a) usa telas na *batcaverna* para obter informações e embasar a sua tomada de decisões (o pensamento crítico se beneficiando da tecnologia); b) conta com um time confiável, dedicado e multidisciplinar (comissário, o mordomo "nerd" amigo, entre outros) para auxiliá-lo nos seus objetivos (colaboração); c) usa um cinto de utilidades (simbiodestreza tecnológica) para conseguir escalar, voar, abrir caminhos etc. (criatividade, adaptabilidade ágil); d) desenvolveu uma capa que evoluiu ao longo do tempo para melhorar sua aerodinâmica e resistência, facilitando cada vez mais o seu poder de voar (simbiodestreza, resiliência); e) sua vestimenta[110] é uma armadura tecnológica fabricada com kevlar e funciona como um exoesqueleto *smart* que o protege (à prova de balas), amplia as suas capacidades físicas, é acionado por comando de voz, inteligência artificial e possui características de camuflagem que o tornam invisível (resiliência, adaptabilidade ágil, criatividade, simbiodestreza tecnológica) etc.

---

109 A primeira aparição do Batman foi em história em quadrinhos da DC Comics em 1939. Mais informações em: https://pt.wikipedia.org/wiki/Batman
110 https://dc.fandom.com/wiki/Hellbat#cite_note-BaR35-2

Note-se que, ao longo das suas mais de oito décadas de existência, isso foi um processo contínuo gradativo evolutivo – o personagem foi incorporando as tecnologias que surgiam e, simultaneamente, adaptando e aprimorando as suas habilidades humanas, tanto para usar e incorporar melhor a tecnologia quanto para enfrentar as mudanças no mundo.

Somos humanos, repletos de potencialidades que podem superar as nossas limitações e se transformarem em superpoderes, desde que estejamos dispostos a desenvolver as habilidades necessárias para isso – um pouquinho por dia, dia a dia, todo dia.

CAPÍTULO 8 | PENSAMENTO CRÍTICO

"A vida não examinada não vale a pena ser vivida."
SÓCRATES

Apologia de Sócrates é uma obra escrita por Platão expondo a narrativa do discurso de Sócrates durante a sua autodefesa no julgamento em que era acusado de negar a existência dos deuses e, assim, corromper os jovens. Nesse contexto, o filósofo profere uma das suas mais famosas frases: "A vida não examinada não vale a pena ser vivida". Essa citação destaca a profunda crença de Sócrates na importância da **busca** pelo **conhecimento, compreensão** e **virtude**. Para ele, a vida não examinada se refere a uma vida vivida sem **questionamento, reflexão** e **autocompreensão**. Sem a busca contínua por conhecimento e entendimento sobre o que é **verdadeiro** e **justo**, uma vida seria desperdiçada. Sócrates foi condenado por defender esse posicionamento até o fim, por isso a sua morte é frequentemente lembrada como um martírio pela **liberdade de expressão** e o **direito de buscar a verdade**, independentemente das convenções sociais, tornando-se um símbolo de **integridade** e **compromisso com a verdade.**

Nada ao longo da história poderia expressar melhor a essência do **pensamento crítico** do que a filosofia de vida que Sócrates defendeu há quase 2500 anos, e pela qual morreu em 399 a.C.

No entanto, de lá para cá, além de desperdício, viver uma vida sem pensamento crítico passou gradativamente a ser também perigoso, e cada vez mais impossível.

Sabemos que para nos tornarmos *Future Ready*, precisamos desenvolver inúmeras habilidades e nos transformarmos continuamente. No entanto, para começar esse processo, é necessário compreender e avaliar inúmeros parâmetros, que direcionarão as melhores escolhas, e para isso precisamos fazer várias perguntas, por exemplo: Por onde começar? Devo optar por alguma habilidade primeiro ou evoluir simultaneamente com todas? Qual a habilidade que me trará mais benefícios no meu contexto atual? O que preciso aprender em cada habilidade, por exemplo, quais tecnologias melhorariam a minha simbiose tecnológica para me alavancar? E assim por diante. Portanto, antes de desenvolver qualquer outra habilidade, seja ela qual for, precisamos ter a competência de buscar compreensão, conhecimento e virtude, por meio de questionamento, reflexão e autocompreensão. De buscar a verdade, independentemente das convenções sociais. Em outras palavras, a primeira habilidade que precisamos desenvolver para, aí sim, conseguirmos tomar decisões para encontrar o melhor caminho para desenvolver as outras é o pensamento crítico. É ele que nos ajudará a direcionar as demais habilidades, como as discutidas no capítulo anterior:

- **CRIATIVIDADE** – a criatividade é a mãe da arte e da expressão da humanidade. Ela é a força motriz do novo. Ela nos permite enxergar o que não existe, imaginar o que poderia ser, expandindo ilimitadamente o nosso ser. No entanto, sem pensamento crítico, a criatividade não tem direcionamento para solucionar problemas. Além disso, há tempos que a criatividade não é mais uma habilidade exclusiva de seres vivos, com as máquinas se tornando gradativamente mais criativas e, em alguns casos, vencendo a criatividade humana[111]. Por isso, nós, humanos, precisamos do pensamento crítico também para conseguir combinar a nossa criatividade atuando em conjunto com elas[112]. Pensar criticamente, portanto, é parte fundamental da criatividade no processo de geração de ideias direcionadas à solução de problemas; avaliação e combinação de ideias; avaliação da qualidade e fontes de informações para enriquecer o processo criativo, e assim por diante.

- **Simbiodestreza tecnológica** – como podemos abraçar a tecnologia, nos misturarmos com ela, criando um processo simbiótico, incorporando suas habilidades para nos ampliar, sem pensar criticamente? Não é possível. Precisamos do pensamento crítico para ajudar na detecção e avaliação das tecnologias emergentes; análise e combinação de tecnologias para ampliação dos nossos resultados; comparação entre tecnologias e seus impactos etc.

- **Adaptabilidade ágil** – aqui o pensamento crítico é indispensável para a detecção e análise de agentes de transformação; avaliação de paradigmas e suas mudanças, direcionando a adaptabilidade; análise da matriz de priorização de demandas de adaptação etc.

- **Colaboração** – no processo colaborativo, pensar criticamente é a base para a avaliação das possibilidades de colaboração; busca por caminhos de soluções colaborativas; análise do impacto das possíveis colaborações no resultado etc.

- **Humanidade** – para garantir a humanidade em cada atitude, ação ou decisão que tomamos, precisamos avaliar a sua conformidade com os valores humanos e analisar os seus impactos

---

111 Ver, por exemplo: https://www.washingtonpost.com/news/innovations/wp/2016/03/15/what-alphagos-sly-move-says-about-machine-creativity/
112 Ver: https://www.linkedin.com/pulse/como-n%C3%A3o-ser-substitu%C3%ADdo-por-um-rob%C3%B4-martha-gabriel-phd/

éticos e morais. Essas avaliações de conformidade e impactos dependem intrinsecamente do pensamento crítico. Por exemplo, existem "3 Es"[113] que são características humanas fundamentais: emoção, empatia e ética. Entretanto, sem pensamento crítico para direcioná-las, elas podem causar mais mal do que bem, tanto para o próprio indivíduo quanto para os outros. Por exemplo, se sinto empatia em relação ao outro, mas não consigo pensar criticamente para encontrar caminhos para expressar esse sentimento e ajudá-lo, essa empatia não apenas pode não lhe ser útil, como pode eventualmente piorar a situação. O mesmo acontece com emoção e ética – elas são valiosas, mas complexas, e se não contam com a ajuda do pensamento podem resultar em soluções equivocadas.

- **RESILIÊNCIA** – para se tornar resiliente, é necessário saber avaliar impactos, ameaças e incidentes que possam prejudicar a sustentabilidade ou integridade individual, social, organizacional; analisar e tomar decisões para escolher ações que contribuam para o aumento da resiliência etc. O pensamento crítico fundamenta essas análises, e quanto melhor ele for nesse processo, maior tende a ser a resiliência alcançada.

Em suma, o pensamento crítico é a pedra angular, a fundação, o principal instrumento não apenas para desenvolver qualquer habilidade, mas, também, para direcionar e ajudar a extrair sentido da complexidade. Ele é a nossa bússola, a nossa carta de navegação e descobertas deste mundo incerto, ambíguo, complexo e acelerado. Além disso, até que as máquinas atinjam o nível humano de inteligência[114] (AGI – *artificial general intelligence*), o pensamento crítico é uma das principais habilidades que nos distingue delas e, particularmente, aquela que tende a determinar

---

[113] Informações mais detalhadas disponíveis no livro *Você, Eu e os Robôs*.
[114] O letramento em inteligência artificial e discussão sobre os níveis de inteligência de máquina podem ser estudados no livro *Inteligência Artificial: do zero ao metaverso*.

o nosso futuro, pois é por meio dele que tomaremos as nossas decisões para nos desenvolvermos e convivermos com elas.

Sabendo, portanto, que o pensamento crítico é um recurso cada vez mais valioso e essencial para um profissional *Future Ready*, temos nos deparado com um desafio fenomenal: no contexto atual, paradoxalmente, conforme precisamos cada vez mais de pensamento crítico, ele tem se tornado cada vez mais escasso. Vejamos.

A ERA DA ESTUPIDEZ – INTELIGÊNCIA & PENSAMENTO CRÍTICO

A maior vantagem competitiva da humanidade ao longo da história tem sido o aumento da sua inteligência – não somos os mais rápidos, nem os mais fortes ou os mais antigos habitantes do planeta, mas, graças à inteligência, conseguimos nos adaptar mais rapidamente, além de transformar o ambiente ao nosso redor e vencer leis naturais que nos regem. Por exemplo, voamos sem termos asas; enxergamos galáxias, mesmo sem termos olhos capazes de fazê-lo; viajamos nas profundezas dos oceanos sem possuir guelras ou nadadeiras; isso, dentre as infindáveis conquistas que temos alcançado ao longo do tempo. Assim, conforme evoluíamos, mais inteligentes e poderosos fomos nos tornando... século a século, década a década, ano a ano... até que não mais. Na segunda metade do século XX, a situação muda – desde então, a inteligência geral do ser humano parece estar diminuindo.

Desde a sua criação, em 1905, o teste de QI[115] tem sido o instrumento mais utilizado para medir a inteligência humana. Sabemos que a inteligência não é algo simples de mensurar e quantificar, pois se apresenta de múltiplas formas[116] e utiliza diversos tipos de recursos para se manifestar. Assim, fica claro que o QI não indica as várias dimensões

---
115 Para saber mais sobre o QI, ver: https://en.wikipedia.org/wiki/Intelligence_quotient
116 https://pt.wikipedia.org/wiki/Howard_Gardner#Teoria_das_Intelig%C3%AAncias_M%C3%BAltiplas

da inteligência ou o valor de um indivíduo, nem é capaz de determinar o seu sucesso na vida. No entanto, apesar das críticas e limitações que apresenta, ele consegue medir a cognição básica do ser humano: a sua capacidade de executar as funções mentais elementares que formam a fundação para todas as outras. Portanto, ele funciona como um mínimo denominador comum da inteligência e, por isso, pode ajudar a enxergar a evolução (ou involução) da inteligência[117].

QI no mundo ao longo do tempo

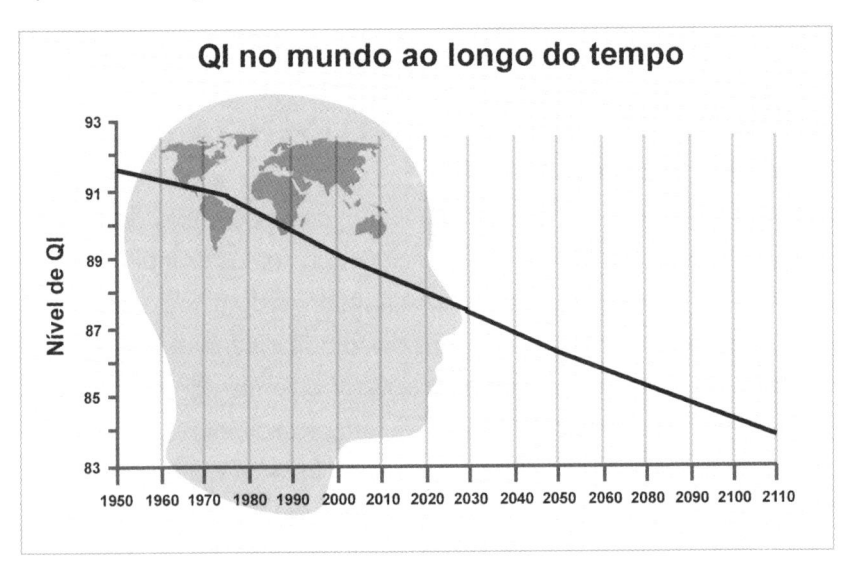

Figura 8.1 – Gráfico representando a queda do QI mundial desde 1950, baseado em estudo da Universidade de Hartford, disponível em https://www.dailymail.co.uk/sciencetech/article-2730791/Are-STUPID-Britons-people-IQ-decline.html.

Durante o século XX, estudos apontam que o QI aumentou consistentemente no mundo todo[118], em média três pontos por década – fenômeno conhecido como "Efeito Flynn". No entanto, evidências na mensuração do QI em pessoas no Reino Unido, Dinamarca e Austrália mostram declínios na última década, indicando uma reversão do processo, batizada de "Efeito Flynn Reverso". A situação

---

117 https://super.abril.com.br/especiais/a-era-da-burrice/
118 Ver TED Talk "Porque nossos níveis de QI são mais elevados que dos nossos avós", por James Flunn, disponível em https://www.youtube.com/watch?v=9vpqilhW9uI

se agrava em um estudo[119] realizado pela Universidade de Hartford, na Austrália, que aponta que o QI já vem diminuindo há muito mais tempo[120] (figura 8.1).

Existem diversas explicações tanto para o crescimento do QI até meados do século XX quanto para a sua queda desde então. Inúmeros fatores contribuíram para o Efeito Flynn, especialmente as melhorias nas condições ambientais – nutrição, saneamento, saúde, educação etc. – contribuindo para o nosso desenvolvimento geral, inclusive a inteligência. Por outro lado, os pesquisadores da Universidade de Hatford argumentam que fatores ambientais são forças externas que mascararam os **índices do declínio biológico interno humano**, que teria atingido o seu máximo potencial de inteligência em 1950, e vem caindo a partir de então. Além disso, eles defendem também que quanto maior se tornar a população global, menos inteligente seremos, prevendo uma queda aproximada de 8 pontos nos próximos cem anos (figura 8.1) – isso se deve à tendência de que pessoas mais inteligentes têm tido menos filhos, diluindo a taxa de propagação genética dos QIs mais altos.

Outra justificativa para a queda do QI está relacionada com a evolução da tecnologia: com o avanço tecnossocial, **a vida tem se tornado mais fácil e segura**, não requerendo melhorias de inteligência para garantir a sobrevivência. Por exemplo, um erro de análise durante a caça de animais para alimentação na pré-história poderia significar a morte; hoje, um equívoco durante uma compra no supermercado tende a ser insignificante em nossas vidas. Algumas linhas mais radicais acreditam que o auge da capacidade cognitiva pura do ser humano (analisar, enfrentar e

---

[119] Ver https://www.dailymail.co.uk/sciencetech/article-2730791/Are-STUPID-Britons-people-IQ-decline.html
[120] Ver https://www.sciencedirect.com/science/article/abs/pii/S0160289613000470 , https://www.huffpost.com/entry/people-getting-dumber-human-intelligence-victoria-era_n_3293846 , https://www.sciencedirect.com/science/article/abs/pii/S0160289607000463

superar um problema desconhecido) já aconteceu muito antes da revolução digital – como defende o pesquisador Michael Woodley e o biólogo Gerald Crabtree[121]. Isso faz sentido, se considerarmos que o avanço tecnológico gradativamente simplifica e facilita a nossa vida, ao mesmo tempo em que, paradoxalmente, por outro lado, também causa um aumento de complexidade no mundo – o resultado é que o indivíduo passa a ter cada vez mais dificuldade para conseguir compreender e dominar sozinho os processos ao seu redor, criando segmentação e especialização, diminuindo, consequentemente, a sua visão holística e capacidade de solucionar problemas inéditos.

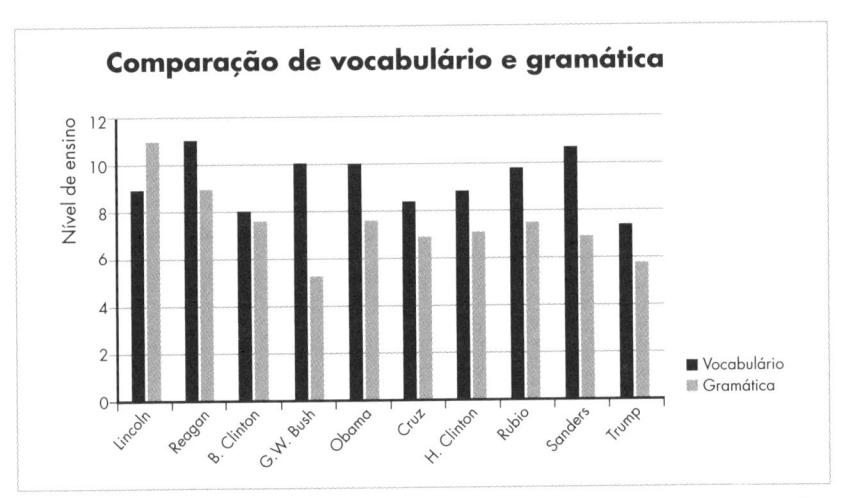

Figura 8.2 – Gráfico representando o nível de vocabulário e gramática (eixo vertical) dos discursos dos presidentes americanos (eixo horizontal), segundo estudo realizado pela Universidade Carnegie Mellon, nos USA, disponível em https://www.cmu.edu/news/stories/archives/2016/march/speechifying.html

Some-se a isso tudo a fragmentação, onipresença e avalanche informacional a que estamos submetidos no século XXI, dissipando e sobrecarregando a nossa atenção[122]. A informação flui em pedaços

---

121 https://www.dailymail.co.uk/sciencetech/article-2730791/Are-STUPID-Britons-people-IQ-decline.html
122 https://www.amazon.com/Attention-Economy-Understanding-Currency-Business/dp/1578518717

cada vez menores e fragmentados, que nos distraem constantemente. Como consequência, a nossa atenção diminui, e para conseguir nos seduzir, a produção de conteúdo informacional tem buscado ser cada vez mais simples e fácil de entender – como resultado, pensamos cada vez menos[123]. Não é à toa que a música tem se tornado mais homogênea e menos complexa[124] e que o vocabulário e a gramática dos discursos políticos têm se nivelado com os das conversas de crianças[125], como mostrado na figura 8.2.

Some-se a isso que a sobrecarga informacional disparada pela era digital foi sabotando também, de forma invisível, a nossa tomada de decisão[126]. A multiplicação exponencial de possibilidades (variedade) e quantidade (volume) das opções que se apresentam em cada instante impacta consideravelmente a capacidade que temos disponível a cada momento para fazer análises e tomar decisões. Paradoxalmente, o aumento de possibilidades de escolha não melhora a nossa decisão, ao contrário, piora, pois sobrecarrega a nossa capacidade cognitiva de decidir[127].

Ao contrário do que se imagina, a capacidade de decisão humana não é um fator constante no nosso organismo, mas uma habilidade que diminui conforme a vamos utilizando – efeito denominado "Fadiga de Decisão". Quanto mais decisões somos obrigados a tomar ao longo do dia, mais debilitados vamos ficando para tomar novas decisões, pois cada uma delas consome um pouco da nossa força de vontade disponível, diminuindo (e, eventualmente,

---

123 https://www.linkedin.com/pulse/por-que-voc%C3%AA-faz-o-martha-gabriel-phd/
124 https://www.nature.com/articles/srep00521
125 https://www.cmu.edu/news/stories/archives/2016/march/speechifying.html
126 https://www.linkedin.com/pulse/voc%C3%AA-sofre-de-decision-fatigue-martha-gabriel-phd/
127 Esse processo foi batizado de Paradoxo da Escolha e passou a se manifestar conforme a abundância de opções foi se manifestando nas sociedades, especialmente a partir do final do século XX. No entanto, ele avalia o processo de decisão puramente utilizando a capacidade natural humana. Hoje, com o uso de tecnologias digitais, é possível combater esse fenômeno, pois o uso adequado de ferramentas tecnológicas pode solucionar a sobrecarga cognitiva humana. Portanto, com a tecnologia, o aumento de volume e de variedade de informações pode, sim, efetivamente, melhorar a tomada de decisão. No entanto, para isso, é necessário saber combinar as capacidades humanas com as das máquinas. Daí a importância da habilidade de simbiodestreza tecnológica.

esgotando) o seu estoque para ser usado nas próximas. Esse processo prejudica a nossa habilidade de julgamento e ação ou, em outras palavras, compromete o pensamento crítico.

Assim, uma série de evidências parece suportar a polêmica constatação de Umberto Eco em 2015, de que "as redes sociais deram voz a uma legião de imbecis"[128], apontando para algo que provavelmente está na raiz de inúmeros problemas atuais: em média, estamos regredindo intelectualmente. Vivemos a era dos distraídos, a era da polarização, a era da estupidez. No entanto, na era das máquinas, da incerteza e da aceleração da mudança, para sobreviver e sermos sustentáveis e relevantes, precisamos, cada vez mais, de foco, união e pensamento crítico. Vamos a ele, então.

PENSAMENTO CRÍTICO

Apesar de estarem intimamente relacionados, pensamento crítico não é sinônimo de inteligência – enquanto a **inteligência** fornece um conjunto de habilidades cognitivas que permitem pensar racionalmente para alcançar uma meta, o **pensamento crítico** é a disposição e a capacidade de usar essas habilidades cognitivas. Por serem recursos extremamente valiosos para o sucesso de um indivíduo, a busca por melhorias nos níveis de inteligência e pensamento crítico é o santo graal para o futuro. Sabemos que existem formas para se ampliar tanto um quanto o outro, e que a tecnologia pode ser um deles. No entanto, melhorar a **inteligência** natural é mais difícil, pois ela tem raízes fortes na **genética**[129]. O pensamento crítico, por outro lado, pode ser mais facilmente ampliado, pois pode ser ensinado e praticado, já que suas raízes estão na **educação** e **cultura**.

---

[128] https://en.wikipedia.org/wiki/Umberto_Eco e https://comipi.wordpress.com/2015/06/18/the-invasion-of-the-idiots-and-modern-churnalism/
[129] https://www.scientificamerican.com/article/why-do-smart-people-do-foolish-things/

Assim, o pensamento crítico é a **disciplina** no uso das habilidades cognitivas da inteligência focada em **metas** específicas – consiste em **metodologia** para **capturar dados** (observação, experiência, expressão verbal ou escrita, argumentos) com a melhor **qualidade** possível, para formar **julgamento** (análise) e gerar **ação** (mudança para alcançar a meta). Em outras palavras, o pensamento crítico utiliza as capacidades da inteligência para funcionar, mas utiliza muitos elementos adicionais além dela.

Por isso o pensamento crítico é tão importante: como ele é o processo de obter, selecionar e analisar dados, ele **afeta a forma como enxergamos** e **julgamos** qualquer coisa **para fundamentar a tomar decisão**. Assim, quanto melhor for o pensamento crítico, melhores tendem a ser também as decisões tomadas.

Para ilustrar a relação entre pensamento crítico e tomada de decisão, podemos usar uma analogia culinária, em que o pensamento crítico funcionaria como a criação de uma receita e a tomada de decisão seria a preparação do prato. Para criar a receita, o chef analisa os ingredientes, avaliando cada opção, ponderando sobre as suas propriedades, combinações e técnicas, sempre buscando os melhores resultados e sendo aberto a aprender com experiências. Ele pondera sobre os elementos nutricionais, estéticos e gustativos de cada ingrediente, equilibrando-os para criar uma experiência culinária que seja ao mesmo tempo saborosa e atraente. Ele pesquisa, experimenta, prova e ajusta, mantendo um ciclo de aprendizagem constante para desenvolver a receita perfeita (pensamento crítico). A tomada de decisão é simbolizada pelo momento em que a receita é colocada em prática na preparação do prato, quando o chef decide sobre os detalhes práticos do processo. Ele escolhe entre os ingredientes disponíveis, ajusta o tempo e a temperatura de cozimento conforme necessário e resolve imprevistos que surgem durante o processo de preparação do prato. Essas decisões são guiadas pela receita (que foi criada com pensamento crítico) e moldadas pela habilidade, experiência e intuição do chef durante o processo de execução. Portanto, a preparação do prato (tomada de decisão) utiliza as análises feitas na criação da receita (pensamento crítico) para permitir a escolha dos melhores ingredientes e métodos, colocando em prática a sua execução de forma estratégica e ponderada para produzir um prato que seja tanto uma experiência sensorial quanto uma expressão de escolhas bem ponderadas e executadas. Assim, o pensamento crítico orienta e informa a tomada de decisão para obter os melhores resultados possíveis na execução.

Como o pensamento crítico afeta, direta e indiretamente, todas as nossas escolhas durante a vida, pensar criticamente ajuda não apenas a desenvolver habilidades e se preparar para o futuro, mas pode favorecer também o **bem-estar e longevidade**[130] dos seus praticantes. Como exemplo, compilamos na figura 8.3 alguns dos benefícios da aplicação do pensamento crítico em várias dimensões da vida.

ÁREA	PENSAMENTO CRÍTICO APLICADO
1. SAÚDE	**Decisões de saúde:** avaliar informações e fazer escolhas **Estilo de vida saudável:** avaliar práticas de vida **Prevenção de doenças:** avaliar práticas preventivas e conscientes
2. GESTÃO DE ESTRESSE	**Resolução de problemas:** resolver para reduzir estresse **Controle emocional:** encontrar soluções racionais **Autoconsciência:** entender e gerir melhor o próprio estresse

---

130 https://www.ncbi.nlm.nih.gov/pmc/articles/PMC8416899/ , https://www.scientificamerican.com/article/why-do-smart-people-do-foolish-things/ , https://www.sciencedirect.com/science/article/abs/pii/S0732118X22000587

3. RELAÇÕES SOCIAIS	**Comunicação:** melhorar para relações saudáveis **Empatia:** melhorar interações **Conflito:** resolver conflitos de maneira justa e equilibrada
4. SEGURANÇA FINANCEIRA	**Investimentos:** tomar decisões financeiras críticas **Planejamento financeiro:** pensar e planejar a longo prazo **Orçamento:** criar e gerir um orçamento eficaz
5. DESENVOLVIMENTO PESSOAL E PROFISSIONAL	**Carreira:** tomar decisões para desenvolvimento **Aprendizado contínuo:** associar a desenvolvimento **Habilidades:** identificar e desenvolver habilidades pertinentes
6. PREVENÇÃO E GESTÃO DE RISCOS	**Avaliação de riscos:** avaliar e tomar medidas **Adaptabilidade:** Permitir adaptação fluida **Preparação:** preparar-se adequadamente para eventualidades
7. PARTICIPAÇÃO CIDADÃ	**Conscientização:** envolver-se de maneira crítica **Contribuição social:** contribuir positivamente **Advocacia:** defender causas de maneira informada e eficaz
8. CUIDADO COM O AMBIENTE	**Consciência ambiental:** avaliar e adotar práticas **Escolhas sustentáveis:** tomar decisões conservacionistas **Advocacia ambiental:** promover causas ambientais
9. AUTOCUIDADO	**Bem-estar mental:** refletir para estratégias mentais **Escolhas de vida:** fazer escolhas promovendo bem-estar **Gestão de tempo:** gerir o tempo de maneira eficiente

Figura 8.3 – Tabela que ilustra alguns dos benefícios do Pensamento crítico em várias dimensões das nossas vidas, favorecendo o desenvolvimento pessoal e profissional.

DESENVOLVENDO O PENSAMENTO CRÍTICO

Inúmeras disciplinas e técnicas estão envolvidas no desenvolvimento e aprimoramento do pensamento crítico, no entanto podemos estruturá-las em cinco pilares: **questionamento**, **superação de vieses cognitivos**, **persuasão racional**, **repertório** e **valores**. No próximo capítulo, discutiremos como desenvolver cada um desses pilares para melhorar o pensamento crítico.

CAPÍTULO 9 | PENSANDO CRITICAMENTE

*"Pensar é o trabalho mais difícil que existe.
Talvez por isso tão poucos se dediquem a ele."*
HENRY FORD

Considerando os cinco pilares do pensamento crítico apresentados no capítulo anterior – **questionamento**, **superação de vieses cognitivos**, **persuasão racional**, **repertório** e **valores** –, podemos dizer, em uma analogia ilustrativa, que o motor do pensamento crítico é a persuasão racional, que funciona alimentada pelo combustível do questionamento e do repertório, balizados pela superação de vieses cognitivos e pelos valores do indivíduo (figura 9.1).

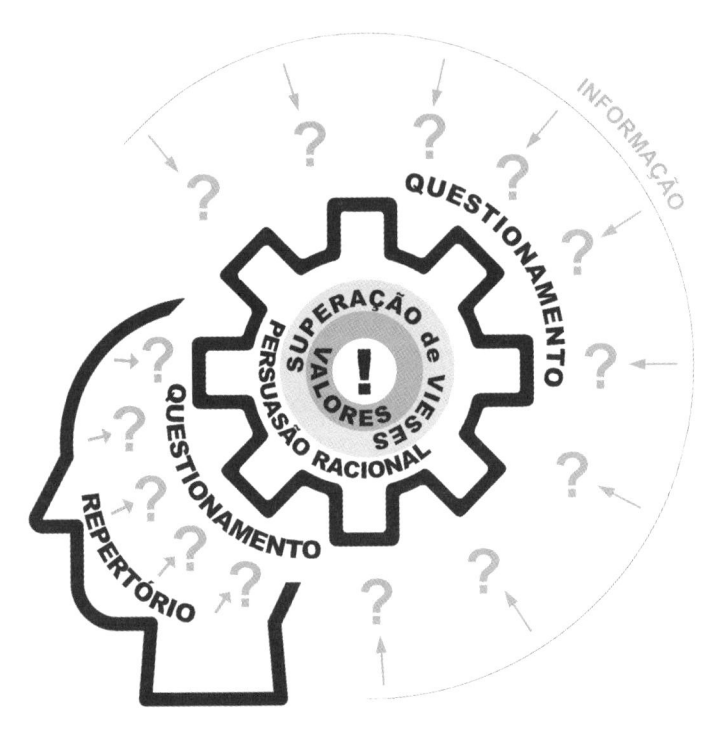

Figura 9.1 – Imagem representativa do funcionamento dos pilares do pensamento crítico.

QUESTIONAMENTO

O questionamento, juntamente com o repertório, é o alimento do pensamento crítico. Por um lado, o repertório funciona como um depósito interno disponível, por outro, o questionamento atua como uma fonte de obtenção e descobrimento de novos ingredientes e possibilidades de nutrientes. O repertório se forma pelo acúmulo de conhecimentos, experiências, informações que vamos adquirindo ao longo da vida, ao passo que o questionamento precisa ser acionado para funcionar. Isso acontece por meio de duas chaves que atuam em direções opostas e complementares: o **ceticismo** e a **curiosidade**. Enquanto a curiosidade refere-se à inquietação de querer ir além do conhecimento existente, arriscando em direção ao desconhecido, explorando e descobrindo o novo, o ceticismo, por sua vez, se concentra em desafiar todo e qualquer conhecimento — adquirido ou já estabelecido –, refinando-o, e eventualmente, nessa exploração de depuração do descobrimento, também descobre o novo. Em outras palavras, a curiosidade motiva o questionamento para nos oferecer novas perspectivas para **saber mais**, enquanto o ceticismo nos instiga a refinar estas e todas as demais perspectivas para **saber melhor**.

O ceticismo é uma postura filosófica que envolve uma atitude de dúvida ou descrença em relação ao conhecimento, informações ou afirmações que são geralmente aceitas. Essa visão não se restringe a uma dúvida geral, mas, sim, a uma abordagem crítica e questionadora sobre a possibilidade de conhecimento genuíno ou absoluto em diferentes contextos. Algumas características centrais do ceticismo são: **questionamento constante**[131], **investigação**[132], **fundamentação**[133], **verificação**[134] e **suspensão do juízo**[135]. Assim, o ceticismo não é a atitude de não se acreditar em nada, e sim o questionamento para validar (ou não) pensamentos, fatos, opiniões ou crenças estabelecidas. Nesse sentido, o ceticismo demanda evidências que suportem as crenças, evitando tentativas falaciosas de persuasão. O ceticismo, portanto, para filtrar informações para o pensamento crítico, depende, fundamentalmente, da capacidade de perguntar.

Paradoxalmente, ao mesmo tempo em que a pergunta nos permite praticar o ceticismo para filtrar, ela é também o instrumento fundamental da curiosidade. É por meio da pergunta que a curiosidade se manifesta. Portanto, a pergunta é tanto as asas que nos permitem

---

131 Os céticos frequentemente questionam e duvidam das afirmações e suposições predominantes.
132 O ceticismo encoraja a exploração e investigação em vez de aceitar prontamente as coisas como verdadeiras.
133 Céticos muitas vezes exigem evidências sólidas e fundamentação para aceitar uma afirmação como verdadeira.
134 Eles tendem a verificar e reexaminar as evidências e argumentos que sustentam uma determinada afirmação.
135 Céticos evitam fazer afirmações absolutas de conhecimento devido à falta de evidências incontestáveis e tendem a optar por permanecer neutros em questões das quais não possuem evidências claras ou conclusivas.

voar em direção ao risco do desconhecido, quanto os pés que nos mantêm no chão, trilhando no solo seguro da realidade.

Perguntar, portanto, é o primeiro passo tanto para ampliarmos quanto validarmos o nosso mundo. A pergunta desafia o conhecido, o familiar, o consenso, buscando ir além, explorar novas possibilidades, desafiar e descobrir novas verdades que possam melhorar a nossa existência. No entanto, por meio das perguntas, aprimoramos não apenas a **aquisição de conhecimentos e verificação de fatos**, mas também: a **comunicação** (iniciar um diálogo e manter uma conversa), a **reflexão** (desafiar alguém ou a si mesmo a pensar mais profundamente sobre algo), o **ensino e a aprendizagem** (perguntas podem ser usadas para avaliar o conhecimento do outro ou serem usadas como guia de aprendizado ajudando a focar em pontos-chave), a **negociação** (além de formular propostas, as perguntas permitem entender necessidades, desejos e limitações de todas as partes envolvidas), a **performance** (perguntas sobre desempenho e resultados podem estimular feedbacks para ajustes e melhorias), o **autoconhecimento** (perguntas autorreflexivas podem ajudar a explorar os próprios pensamentos e sentimentos) e os **relacionamentos** (perguntas podem: a) expressar interesse, mostrando consideração pelos pensamentos, sentimentos e experiências do outro; b) ser uma ferramenta para entender melhor os sentimentos e perspectivas do outro, construindo empatia; c) permitir que mais vozes sejam ouvidas, favorecendo a inclusão; e d) incentivar as pessoas a participarem ativamente de uma conversa, favorecendo o engajamento).

Portanto, desenvolver a habilidade de perguntar promove ampliação e validação da realidade, aprendizado mais profundo e relações interpessoais mais ricas e significativas, pois as perguntas não apenas enriquecem o indivíduo como criam também uma atmosfera de abertura e explorativa em ambientes sociais e profissionais. Assim, a arte de perguntar, além de ser o combustível que alimenta o motor do pensamento, tem também o poder de mudar as nossas vidas.

Nesse sentido, uma pergunta bem estruturada pode ajudar a criar um questionamento mais eficaz. Para tanto, existem três momentos importantes em uma pergunta: antes de perguntar, formulação da pergunta (durante) e depois de perguntado.

Antes de formular uma pergunta, é necessário identificar o seu **objetivo** (por que estou fazendo essa pergunta), a **informação que preciso obter** (isso ajuda a decidir se a pergunta deve ser aberta ou fechada) e **formular a pergunta**. Por exemplo, meu objetivo é escolher um livro para estudar inteligência artificial; a informação que eu preciso é qual o melhor livro considerando o meu contexto atual de conhecimento e necessidades para eu conseguir alcançar a proficiência desejada (que poderia ser apenas me familiarizar com o assunto ou me aprofundar em um conhecimento prévio já adquirido). A pergunta ou a sequência de questionamento deve alcançar esse objetivo, embasada em informações que suportem a conclusão.

Depois da pergunta, é necessário estar disposto a receber abertamente a resposta e organizá-la de forma a refletir, validar, verificar se a informação obtida soluciona o objetivo proposto etc., se traz novas possibilidades de soluções requer uma mudança de abordagem, gerando uma nova pergunta.

Entre o antes e o depois, está o coração de uma pergunta: a sua **formulação**. Nesse sentido, para ser eficiente, a pergunta precisa ser estruturada, levando em consideração o objetivo e as informações que busca (determinados anteriormente) e contemplando as seguintes características:

- **CLAREZA** – simplicidade[136] e precisão.[137]

- **RELEVÂNCIA** – pertinência[138] e foco.[139]

---

[136] Simplicidade – use palavras simples, evitando jargões, a menos que se tenha certeza de que o interlocutor está familiarizado com eles.
[137] Precisão – seja específico sobre o que você está perguntando para evitar ambiguidade.
[138] Pertinência – a pergunta deve estar relacionada ao tópico em discussão ou ao problema que está tentando resolver.
[139] Foco – mantenha a atenção na informação ou resposta que você busca obter.

- **OBJETIVIDADE** – direcionamento[140] e intenção clara.[141]
- **NEUTRALIDADE** – imparcialidade[142] e abertura.[143]
- **ESTRUTURA** – pergunta aberta vs. fechada[144], ordem lógica.[145]
- **RESPEITO** – sensibilidade[146] e privacidade.[147]

Aqui, na estruturação da pergunta em busca de evidências para fundamentar o pensamento, é importante ressaltar que a prática do **ceticismo deve ser amável**, buscando um conflito construtivo de ideias, perspectivas, fatos, informações para revelar caminhos, e não confrontos. O uso de agressão, violência ou polarizações, além de ineficiente, é também contraproduzente. Nesse sentido, o **respeito** é elemento fundamental para não apenas para elaborar uma pergunta humana, como também para a sua eficiência.

Para ilustrar como a formatação de uma pergunta impacta a sua qualidade, exploramos na figura 9.2 alguns exemplos comparativos de estruturação levando em conta esses elementos. Considerando-se que uma "boa" estruturação de uma pergunta depende de contexto, de objetivo, sequência de questionamentos etc.,

---

140 Direcionamento – a pergunta deve conduzir a conversa ou investigação em uma direção que seja produtiva e informativa.
141 Intenção clara – a razão para a pergunta deve ser evidente e construtiva.
142 Imparcialidade – evite carregar a pergunta com suas próprias opiniões ou expectativas.
143 Abertura – esteja aberto para qualquer resposta, mesmo que não alinhe com suas premissas ou crenças.
144 Pergunta aberta vs. fechada – uma pergunta fechada tipicamente exige uma resposta curta ou de "sim/não", enquanto uma pergunta aberta encoraja uma resposta mais desenvolvida e detalhada. A pergunta aberta é mais exploratória, usada quando desejamos obter insights, percepções, perspectivas mais amplas, enquanto uma pergunta fechada é usada quando precisamos de informações específicas, diretas e frequentemente quantificáveis.
145 Ordem lógica – se estiver fazendo várias perguntas, organize-as de uma maneira que faça sentido e flua naturalmente na conversa.
146 Sensibilidade - evite perguntas que possam ser muito invasivas ou insensíveis a possíveis questões emocionais ou traumáticas.
147 Privacidade – respeite os limites do que a outra pessoa pode estar disposta ou autorizada a compartilhar.

estes exemplos descontextualizados têm a finalidade apenas de ser um exercício de reflexão sobre a estruturação da pergunta, e não um guia de aplicação.

EXEMPLOS	PERGUNTA "BOA"	JUSTIFICATIVA POR QUE É BOA	PERGUNTA "RUIM"	JUSTIFICATIVA POR QUE É RUIM
Explorar PROPÓSITO DE VIDA	Quais são as atividades ou situações que você percebe que lhe trazem maior satisfação e por quê?	Fomenta a exploração de paixões e propósitos por meio de de experiências pessoais	Você sabe qual é o seu propósito de vida?	Direta demais, pode intimidar, não incentiva exploração profunda.
Desenvolvimento de HABILIDADES	Quais habilidades você gostaria de desenvolver para alcançar seus objetivos profissionais e que ações práticas você pode realizar para aprimorá-las?	Motiva e direciona para a ação e planejamento para desenvolvimento de habilidades.	Você é bom no que faz?	Vaga e não focada em reflexão sobre aprimoramento ou desenvolvimento futuro.
Melhorar	Como você acha que suas ações e comunicação afetam seus relacionamentos e você vê áreas em que poderia melhorar essas interações?	Promove reflexão sobre o impacto do comportamento e comunicação nas relações e encoraja pensamento sobre aprimoramento.	Você acha que é uma pessoa fácil de lidar?	Pode intimidar, induzir estado de defesa, e não abre espaço para explorar vulnerabilidades ou áreas de melhoria.
Melhorar HÁBITOS DIÁRIOS (autorreflexiva)	Como os meus hábitos diários estão alinhados com meus objetivos de longo prazo e o que eu poderia ajustar para me aproximar mais desses objetivos?	Inpira avaliação dos hábitos diários e reflexão sobre sua consistência em relação aos objetivos de longo prazo.	Você acha que seus hábitos diários são bons ou ruins?	Binária e simplista, não provoca uma reflexão profunda ou consideração das implicações de longo prazo dos hábitos.
PREPARAÇÃO PARA O FUTURO (autorreflexiva)	Considerando os meus objetivos futuros, quais são as competências e os recursos que preciso desenvolver ou adquirir, e como posso fazer isso?	Estimula pensar de maneira prática e estratégica sobre o desenvolvimento de competências e recursos para o futuro, também encoraja a formulação de um plano de ação.	Você está se preparando para o futuro?	É muito geral e não incentiva a reflexão ou planejamento detalhado sobre como a preparação para o futuro pode ser realizada.

Figura 9.2 – Tabela que ilustra alguns exemplos comparativos na forma de estruturar a formulação de perguntas.

Note-se que, para se conseguir estruturar uma boa pergunta, todos os demais pilares do pensamento crítico são fundamentais. Por exemplo, na formatação da pergunta, os pilares "**busca pela superação de vieses cognitivos**" e "**valores humanos**" impactam os elementos neutralidade e respeito. Os pilares "**repertório**" e "**persuasão racional**" determinam a qualidade dos elementos clareza, relevância, objetividade e estrutura. Por outro lado, perceba-se que o pilar "**questionamento**" também é crucial para os demais pilares, pois é por meio de perguntas que buscamos superar vieses cognitivos, entender os valores humanos, ampliar o repertório e a persuasão racional. Assim, todos os pilares do pensamento crítico são intrinsecamente relacionados e interdependentes e atuam, sempre, concomitantemente.

Nesse sentido, a pergunta é, paradoxalmente, tanto a origem para o processo de pensamento crítico quanto dependente dele. É necessário pensar criticamente para perguntar bem e, ao mesmo tempo, é necessário perguntar bem para pensar criticamente. Nesse ciclo "ovo-galinha"[148], felizmente o que importa não é quem vem primeiro – pensamento crítico ou questionamento –, mas como um aprimora o outro. É por meio do uso, da prática contínua entre perguntar e pensar criticamente, que ambas as habilidades melhoram, simultaneamente.

Nesse sentido, as tecnologias inteligentes podem auxiliar muito. Logicamente, precisamos saber perguntar para utilizar uma IA generativa, como o ChatGPT. No entanto, inúmeras ferramentas de autopilotos inteligentes não apenas conduzem a ramificações de possibilidades para ajudar a estruturar a sequência de perguntas no sentido relevante para o objetivo a alcançar, como também ajudam

---

[148] O paradoxo do ovo e da galinha é uma questão filosófica e científica que pergunta: "O que veio primeiro: o ovo ou a galinha?". A indagação explora um ciclo causal, em que cada opção parece depender da outra para existir, criando um dilema sem resposta aparentemente lógica. Se considerarmos que a galinha veio primeiro, de onde ela veio se não de um ovo? Mas, se o ovo veio primeiro, quem o pôs se não foi uma galinha? Este paradoxo, além de incitar reflexões sobre causalidade e origens, pode ser explorado de diversas maneiras em diferentes campos, como na biologia, teologia e filosofia, proporcionando variadas interpretações e respostas.

a pesquisar em bases de dados e referências, aprimorando, assim, amplitude e meios de validação das informações[149]. Esse processo muitas vezes oferece rapidamente novos caminhos que não imaginaríamos sozinhos, da mesma forma que um aplicativo de mapas sugere rotas que não conhecíamos ou um buscador oferece respostas adicionais que não imaginávamos. Desde que saibamos perguntar e pensar criticamente, esses sistemas podem ser instrumentos valiosos não apenas para melhorar o ciclo de questionamento, como também para acelerá-lo, ampliando o nosso potencial crítico. Isso ilustra como outras habilidades – nesse caso, simbiodestreza tecnológica – beneficiam o pensamento crítico.

Portanto, todas as outras habilidades também podem contribuir para o questionamento, por exemplo, a criatividade (para gerar ideias para opções de perguntas, combinações entre possibilidades de caminhos durante o processo etc.), adaptabilidade ágil (para ajustar rotas rapidamente durante o questionamento e reflexões), colaboração (para conseguir obter informações mais ricas e precisas, de perspectivas distintas), resiliência (para conseguir permanecer nos trilhos durante os vários impactos de análises e informações distintas no trem do pensamento), humanidade (para garantir valores humanos e sustentabilidade no processo), e assim por diante.

Utilizando-se de todos esses recursos – estruturação das perguntas, habilidades, tecnologias etc. –, o ciclo de questionamento alimenta um processo paradoxal de pensar – ele permite, simultaneamente, **convergir** e **divergir** criticamente o pensamento. Por um lado, ele nos conduz a um aprofundamento no caminho específico para alcançar um objetivo, enquanto, por outro, abre novas possibilidades de caminhos. Por isso, para não nos perdermos no processo, novamente precisamos dos demais pilares do pensamento crítico: superação dos vieses cognitivos, persuasão racional, repertório e valores humanos – que veremos na sequência.

---

[149] Esse tipo de navegação na informação é denominado RAG, ou *Retrieval Augmented Generation* – mais informações em: https://www.promptingguide.ai/techniques/rag

REPERTÓRIO

Juntamente com o questionamento, o repertório é o combustível que alimenta o pensamento crítico. No entanto, enquanto o questionamento é um processo para aquisição e filtro de conhecimento, o **repertório**, por sua vez, é o acúmulo de todas as **informações**, **experiências**, **conhecimentos**, **habilidades** e **perspectivas** que uma pessoa adquire ao longo da vida. Quanto maior esse acúmulo, maior o repertório.

Sem um repertório rico e diversificado, o pensamento crítico se torna limitado e superficial, pois o tamanho e a qualidade do repertório funcionam como uma **base sólida sobre a qual o pensamento crítico é construído**. Por mais que os demais pilares funcionem perfeitamente – questionamento, persuasão racional, superação de vieses cognitivos e valores humanos –, se não tivermos repertório não temos como aplicá-los. O repertório informa o pensamento crítico em vários níveis, e quanto maior ele for, mais amplo se torna esse pensamento. Assim, o repertório é o ingrediente secreto fundamental para a melhoria do pensamento crítico.

Nesse sentido, a contribuição do repertório para pensar criticamente acontece de várias formas:

1. **Base para análise e reflexão**: o repertório oferece um ponto de referência para analisar novas informações ou experiências. Pode-se comparar novas informações com o que já se sabe, identificando semelhanças, diferenças, inconsistências e padrões.

2. **Diversidade de perspectivas**: quanto mais amplo e diversificado for o repertório, mais ele oferece múltiplas perspectivas sobre um tópico ou questão. Isso é crucial para avaliar situações de maneira abrangente e não unilateral.

3. **Fomento a conexões**: repertórios com conhecimentos em diversas áreas favorecem a conexões entre ideias e conceitos

aparentemente não relacionados, levando a insights e soluções inovadoras.

4. **Ferramentas analíticas**: quanto mais vasto o repertório, mais ferramentas analíticas (como métodos de raciocínio, técnicas de argumentação e modelos mentais) uma pessoa tem à disposição para avaliar informações e argumentos.

5. **Defesa contra manipulação**: quanto mais amplo o repertório de alguém, mais difícil se torna enganá-lo ou manipulá-lo por argumentos falaciosos ou informações distorcidas. O repertório atua como uma espécie de "filtro" interno para discernir a qualidade e a veracidade das informações.

6. **Estímulo à curiosidade**: quanto mais se sabe, mais se percebe o quanto ainda há para aprender. Quanto mais luz, mais longe conseguimos enxergar a existência de possibilidades a alcançar. Assim, um repertório diversificado pode instigar a curiosidade, o que por sua vez leva a um aprofundamento e expansão contínuos desse repertório.

7. **Melhor compreensão de contexto**: um repertório diversificado e vasto ajuda a entender o contexto mais amplo de uma determinada situação ou informação, e isso é crucial para um pensamento crítico eficaz. Compreender o contexto permite avaliar a relevância, aplicabilidade e implicações de uma informação.

Além de embasar o pensamento crítico, o repertório também influencia o modo como sentimos e mensuramos o mundo, pois nas palavras de Anais Nin, "As coisas não são como elas são, mas como nós somos". Assim, o repertório estabelece as bases daquilo "que somos", para medirmos todo o resto, afetando a nossa visão de mundo. Além disso, o repertório oferece também os recursos que temos disponíveis parar atuar no mundo, impactando a nossa performance.

Por isso, é essencial cultivar e expandir constantemente o repertório. Nesse sentido, o **questionamento**, discutido anteriormente, é uma das formas para adquirirmos, ampliarmos e refinarmos o repertório, no entanto ele não é a única. O **estudo**, a **experiência** e a **convivência com pessoas diferentes** também são estratégias valiosas para criar e enriquecer o repertório de um indivíduo ou grupo, podendo abranger uma gama extensa de atividades:

- ESTUDO – leitura diversificada (artigos, livros, jornais e revistas de diferentes gêneros, autores e perspectivas), cursos, educação continuada (oficinas, eventos educativos etc.), documentários (questões históricas, sociais, culturais, tecnológicas etc.), museus, música etc.

- EXPERIÊNCIA – viagens diversificadas (quanto mais diferente, mais amplia as nossas perspectivas do mundo), hobbies, instrumentos musicais, eventos culturais, filmes, séries, cinemas, experimentar novos alimentos, novas comunidades, novas tecnologias, novos contextos, novas sensações, combinações, esportes, auto desafios, entretenimento, museus, música, shows, espetáculos variados etc.

- INTERAÇÃO COM A DIVERSIDADE – por mais que questionemos, estudemos e experimentemos tudo o que pudermos, o nosso repertório, ainda assim, se torna limitado e enviesado, pois a sua construção é determinada apenas pelas nossas capacidades, experiências e vieses. No entanto, quanto estabelecemos relações com pessoas de diferentes culturas, origens, idades e perspectivas, conseguimos ampliar o nosso repertório para experiências, conhecimentos e percepções muito além dos nossos, sendo essa, portanto, uma das melhores formas de enriquecer o repertório. Isso contribui não apenas para o pensamento crítico, mas também para ampliação do respeito humano, criatividade e inovação. A interação com a diversidade pode ser feita tanto por meio de estudos, experiências que envolvam e abracem esse aspecto.

Portanto, ampliar e enriquecer o repertório é uma jornada contínua de aprendizado e descoberta. Expandir o repertório é um investimento contínuo em si mesmo. Com um esforço consciente e a atitude certa, é possível melhorar constantemente o repertório e, consequentemente, a capacidade de compreensão e pensamento crítico.

PERSUASÃO RACIONAL

Enquanto o questionamento e o repertório estabelecem os recursos para "capturar, perceber e experimentar" o mundo, a **persuasão racional**, por sua vez, fornece o mecanismo de processamento do pensamento para "**examinar a vida**" na busca de conhecimento e compreensão, para **alcançar a verdade**. Esse processo depende intrinsecamente de três disciplinas intimamente relacionadas: a lógica, a argumentação e a retórica. Elas trabalham juntas na estruturação e apresentação de ideias, processos fundamentais para pensar criticamente.

A **argumentação** combina a **lógica rigorosa** (para garantir que os argumentos sejam válidos e sólidos) com a **retórica eficaz** (para apresentar esses argumentos de maneira convincente ao público-alvo). Assim, a lógica pode ser vista como a espinha dorsal do argumento, enquanto a retórica é a pele que o reveste, tornando-o atraente. Sem a lógica, o argumento não faz sentido e se torna fraco; sem retórica, o argumento não se revela e se torna inútil.

Juntas, a lógica, a argumentação e a retórica são os instrumentos para desenvolver e apresentar argumentos persuasivos e bem fundamentados. Vamos a elas, então.

ARGUMENTAÇÃO

A **argumentação** é alma do pensamento crítico. Ela se alimenta pelo **questionamento** e **repertório**, se estrutura por meio da **lógica** e se apresenta através da **retórica**. É por meio dela que ocorre o processo de **embate e refinamento de ideias e posições** que possibilitam a **melhoria do pensar**.

Argumentar é a arte de influenciar ou convencer combinada com a ciência de persuadir alguém em direção a uma determinada posição ou ponto de vista, por meio de razões ou evidências. Para isso, a argumentação se concentra tanto na **validade lógica dos argumentos** quanto em como **eles podem influenciar ou convencer** outras pessoas. Nesse sentido, qualquer área que envolva discussão de ideias se beneficia do domínio da argumentação, como retórica, direito, comunicação, política e filosofia.

Para dominar a argumentação, é necessário entender os **elementos que a fundamentam** e saber aplicá-los de forma eficaz. Esses elementos dialogam tanto com a lógica quanto com a retórica, portanto, para construir uma boa argumentação, é preciso dominar tanto uma, quanto a outra. São eles:

1. TESE OU AFIRMAÇÃO: trata-se do ponto central ou da ideia principal que se deseja defender ou contra a qual se deseja argumentar. (Exemplo: *"A adoção de IA em empresas é essencial para melhorar a eficiência e manter a competitividade no mercado atual."*)

2. EVIDÊNCIAS OU DADOS: são fatos, estatísticas, exemplos ou testemunhos que sustentam a tese. Eles fornecem a base para a argumentação e devem ser relevantes e confiáveis. (Exemplo: *"De acordo com o Instituto de Pesquisa em Tecnologia, empresas que implementaram IA viram um aumento de 10% na produtividade e uma redução de 15% nos custos operacionais."*)

3. **RACIOCÍNIO OU LÓGICA (RETÓRICA – *LOGOS*[150])**: é a conexão estabelecida entre a tese e as evidências. Uma argumentação eficaz deve seguir uma lógica coerente, sem incorrer em falácias ou erros de raciocínio. (Exemplo: *"Se a IA pode aumentar a produtividade e reduzir custos, empresas que a adotam estarão em uma posição mais forte para competir e prosperar no mercado."*)

4. **CONTRA-ARGUMENTOS**: São as objeções ou pontos levantados por opositores ou críticos da tese. Reconhecer e refutar contra-argumentos fortalece a argumentação. (Exemplo: *"Muitos alegam que a IA pode resultar em perda de empregos. No entanto, a história mostra que a tecnologia frequentemente transforma empregos em vez de eliminá-los, criando novas oportunidades no processo."*)

5. **CREDIBILIDADE (RETÓRICA – *ETHOS*)**: refere-se à confiabilidade e autoridade do argumentador (orador, escritor etc.). Estabelecer credibilidade é fundamental para persuadir o outro. (Exemplo: *"Trabalhando como cientista de dados por mais de uma década, observei a transição de empresas manualmente intensivas para operações otimizadas por IA."*)

6. **APELO EMOCIONAL (RETÓRICA – *PATHOS*)**: embora a lógica seja central para a argumentação, apelos emocionais também podem ser eficazes, especialmente quando se busca persuadir o outro. Histórias pessoais, exemplos tocantes e linguagem emotiva são formas de apelo emocional. (Exemplo: *"Imagine um mundo*

---

150 A argumentação e a retórica são interdependentes – vemos aqui, nos elementos que fundamentam a argumentação, a presença dos recursos da retórica: logos, páthos e ethos. Aristóteles classificou os recursos retóricos em três categorias principais, conhecidas como os "modos de persuasão". Estes são: 1) Ethos (caráter): a credibilidade ou caráter do orador; 2) Pathos (emoção): o apelo para as emoções do público; e 3) Logos (lógica): o uso da lógica e da razão para persuadir. Esses recursos retóricos fornecidos por Aristóteles continuam a ser fundamentais na arte da persuasão e são amplamente estudados e aplicados na retórica contemporânea. Aprofundaremos os recursos persuasivos mais à frente, na discussão sobre a retórica.

onde tarefas repetitivas são automatizadas, permitindo que os funcionários se concentrem em tarefas mais significativas e criativas, elevando o potencial humano a novos patamares.")

7. **CONCLUSÃO**: é o fechamento da argumentação, quando o argumentador reafirma sua tese, resume seus principais pontos e, por vezes, faz um apelo à ação. (Exemplo: *"Considerando os claros benefícios em eficiência e os novos horizontes que a IA abre para os trabalhadores, é imperativo para as empresas adotarem essa tecnologia."*)

8. **CLARIDADE E ESTRUTURA**: a clareza na apresentação dos argumentos e uma estrutura lógica são essenciais para que o público compreenda e seja persuadido. Isso envolve uma organização cuidadosa das ideias, uso de transições claras e linguagem compreensível. (Exemplo: *"Para compreender o impacto da IA nas empresas, vamos examinar primeiro os benefícios em termos de produtividade, em seguida, os aspectos econômicos, e finalmente discutir as implicações para a força de trabalho."*)

9. **RECONHECIMENTO DAS LIMITAÇÕES**: em uma argumentação honesta e robusta, é importante reconhecer as limitações do próprio argumento ou as áreas em que há incerteza. (Exemplo: *"É válido reconhecer que a implementação inicial da IA pode ser dispendiosa e que existe uma curva de aprendizado para os funcionários. Entretanto, o retorno sobre o investimento no longo prazo e a adaptabilidade do mercado de trabalho são evidentes."*)

10. **EVITAR FALÁCIAS**: como visto anteriormente, as falácias são erros ou enganos no raciocínio que podem enfraquecer a argumentação. Exemplos incluem generalizações apressadas, ataques pessoais (*ad hominem*) e apelos à popularidade. (Exemplo de falácia (para ilustrar o que evitar): *"Todas as grandes empresas estão adotando IA, então se você não adotar, sua*

empresa ficará obsoleta." Exemplo de correção da falácia: *"Muitas empresas líderes estão adotando IA devido aos benefícios tangíveis que ela oferece em eficiência e inovação."*)

A construção de uma boa argumentação, portanto, requer a estruturação lógica, persuasiva e atraente, que depende da coordenação desses vários elementos. Para facilitar esse processo, existem modelos que auxiliam na estruturação dos elementos, como os apresentados nas figuras 9.3 e 9.4.

CONSTRUÇÃO de um ARGUMENTO

IDEIA PRINCIPAL
O que estou pensando...

CONTRA-ARGUMENTOS

EVIDÊNCIAS para apoiar minhas razões

Aqui estão minhas **RAZÕES!**
1.
2.
3.

Você PODERIA argumentar que...

... mas aqui estão as FRAQUEZAS...

PROS — Quando você pesa as evidências, conclui que... — CONTRAS

CONCLUSÃO

Figura 9.3 – Modelo para a construção de uma argumentação, estruturando os seus elementos. Fonte: adaptado pela autora combinando vários modelos existentes.

Figura 9.4 – Modelo para a construção de uma argumentação, estruturando os seus elementos em camadas. Fonte: https://www.slideshare.net/idefeo/writing-building-anargument2013

Note-se que a argumentação é um processo vivo, que se transforma conforme novas evidências se apresentam. Portanto, a melhor forma de dominar a arte da argumentação é por meio da prática e reflexão contínua, com uma mentalidade aberta para receber feedbacks e disposição para ajustar e aprimorar os argumentos conforme necessário.

LÓGICA

A **lógica** é o estudo dos princípios de validade do raciocínio com o objetivo de garantir que, a partir de certas premissas ou observações, as conclusões sejam corretamente deduzidas ou inferidas. Nesse sentido, a função da lógica é promover a **clareza**, a **consistência** e a **validade** no pensamento e no raciocínio. Para tanto, ela fornece métodos para: avaliar argumentos, resolver problemas de forma sistemática, identificar falácias[151],

---

151 Falácias são erros de raciocínio que podem levar a conclusões incorretas.

comunicar efetivamente e evitar contradições. Dessa forma, ela nos ajuda a pensar de maneira ordenada e racional, estruturando o pensamento.

A lógica formal se fundamenta em três conceitos básicos principais: **premissas, conclusão** e **verdade.** As **premissas** são as afirmações ou declarações iniciais em um argumento. Elas são usadas como evidência para apoiar a conclusão. Por exemplo, em um argumento como "Todos os seres humanos são mortais, Sócrates é um ser humano, portanto, Sócrates é mortal", as duas primeiras partes ("Todos os seres humanos são mortais" e "Sócrates é um ser humano") são as premissas. A **conclusão** é a afirmação que se segue logicamente das premissas em um argumento. É a ideia que você está tentando estabelecer com base nas premissas. No exemplo, "Sócrates é mortal" é a conclusão. Já a **verdade** diz respeito à realidade das afirmações individuais, ou seja, se as premissas e a conclusão são factualmente verdadeiras. Em um argumento válido, se todas as premissas são verdadeiras, então a conclusão também é verdadeira, por exemplo em: "Todos os pássaros têm asas. O pardal é um pássaro. Portanto, o pardal tem asas". No entanto, quando uma ou mais premissas forem falsas, a conclusão pode não ser verdadeira, como em: "Todas as aves voam. A avestruz é uma ave. Portanto, a avestruz voa" – nesse caso, a premissa falsa que levou a uma conclusão não verdadeira é a de que "Todas as aves voam".

Esses conceitos básicos são regidos pelas leis da lógica, princípios fundamentais que governam o raciocínio válido. Algumas leis importantes incluem a **Lei do Terceiro Excluído** (algo é verdadeiro ou falso, sem meio-termo), o **Princípio da Identidade** (uma coisa é igual a si mesma), o **Princípio da Não Contradição** (uma proposição não pode ser verdadeira e falsa ao mesmo tempo) e a **Lei da Dupla Negação** (negar duas vezes é o mesmo que afirmar). A tabela da figura 9.5 apresenta alguns exemplos de aplicação dessas leis.

LEI DA LÓGICA	EXEMPLOS
Lei do Terceiro Excluído	• "Este objeto é um carro ou não é um carro." • "O evento ocorrerá amanhã ou não ocorrerá amanhã." • "A afirmação é verdadeira ou falsa, não há meio-termo."
Princípio da Identidade	• "Este é o mesmo livro que eu li ontem." • "João é João, e Maria é Maria." • "Um círculo é um círculo; ele não se transforma em um triângulo."
Princípio da Não Contradição	• "Este objeto não pode ser redondo e quadrado ao mesmo tempo." • "Uma afirmação não pode ser verdadeira e falsa ao mesmo tempo em relação ao mesmo fato." • "Um número não pode ser ímpar e par ao mesmo tempo."
Lei da Dupla Negação	• Negar que "não está chovendo é o mesmo que dizer "está chovendo". • Não querer "não comer" é o mesmo que "querer comer".

Figura 9.5 – Tabela que apresenta leis da lógica com exemplos.

Para se fundamentar, a lógica conta com vários métodos, sendo os mais comuns: a **dedução** (processo que parte de premissas gerais para chegar a conclusões específicas), a **indução** (parte de observações ou casos específicos para inferir uma regra ou princípio geral), a **extrapolação** (estimativa de um valor ou conclusão baseada em informações conhecidas, estendendo a tendência observada), **abdução** (infere a explicação mais provável ou mais simples para um conjunto de observações ou fatos) e **analogia** (raciocínio que infere que, se duas coisas são semelhantes em um aspecto, elas provavelmente são semelhantes em outros). A tabela da figura 9.6 traz exemplos de cada um desses métodos e os contextos em que são úteis.

Método	Observação / premissas	Conclusão	Aplicação
DEDUÇÃO	1. Todos os mamíferos têm espinha dorsal. 2. O cachorro é um mamífero.	O cachorro tem espinha dorsal.	É o pilar da lógica formal e é amplamente utilizado em matemática e filosofia.
INDUÇÃO[152]	Exemplo 1: Pássaros observados 1. Pássaro A sabe voar. 2. Pássaro B sabe voar. 3. Pássaro C sabe voar. Exemplo 2: Nascimento do sol 1. O sol nasceu no leste todos os dias de minha vida. 2. O sol nasceu no leste para todos os dias registrados na história.	Todos os pássaros sabem voar (generalização). O sol sempre nasce no leste (generalização).	Utilizado em ciências empíricas para generalizar a partir de observações particulares.
EXTRAPOLAÇÃO	Nos últimos 5 anos, as vendas de um produto aumentaram 10% a cada ano.	Se essa tendência continuar, as vendas aumentarão 10% no próximo ano.	Amplamente utilizada em previsões com base em tendências observadas.
ABDUÇÃO	Há migalhas de biscoito na sala e a lata de biscoitos está aberta.	Alguém comeu biscoitos recentemente.	Útil em contextos de formulação de hipóteses e diagnósticos em ciências e medicina.

---

[152] A indução resulta em uma generalização que é aceita como verdadeira com base em observação. Contudo, é essencial entender que a indução, por sua própria natureza, não garante conclusões verdadeiras com 100% de certeza. Em vez disso, ela fornece uma razão forte para acreditar que a generalização é verdadeira com base nas evidências apresentadas. No caso de o sol nascer no leste, a evidência é esmagadoramente consistente e não temos razão para acreditar no contrário com base no nosso conhecimento atual. No caso dos pássaros, apesar de a conclusão não ser 100% verdadeira ela traz uma generalização que é verdadeira na maioria das vezes.

| ANALOGIA | 1. Os humanos precisam de água para viver. 2. Cães e gatos são biologicamente semelhantes aos humanos. | Cães e gatos também precisam de água para viver. | Usada em argumentos e hipóteses, mas também é um elemento central em áreas como retórica e psicologia cognitiva. |

Figura 9.6 – Tabela que apresenta alguns dos métodos lógicos mais comuns.

A fundamentação lógica ajuda a entender como os argumentos são estruturados, avaliados e analisados de forma a fazer sentido. Por isso, a lógica pode ser usada em qualquer campo da vida humana, desde a matemática, linguística e ciências computacionais até as brincadeiras de criança – um quebra-cabeças é montado por meio da conexão lógica entre seus elementos, um jogo só pode ser jogado a partir da lógica das suas regras, e assim por diante.

No entanto, apesar da sua importância e vasto campo de aplicação, o domínio da lógica pode ser desafiador. As principais razões para isso são: sua natureza abstrata[153], uso de símbolos e notações[154], contraintuitividade[155], complexidade crescente[156],

---

[153] A lógica trata de abstrações, e não de coisas tangíveis que podemos ver ou tocar. Lidar com conceitos abstratos pode ser desafiador para muitas pessoas, especialmente aquelas que estão mais acostumadas a pensar de forma concreta.
[154] A lógica formal usa uma variedade de símbolos e notações que podem parecer estranhos e intimidadores para os iniciantes. Assim como aprender uma nova linguagem, requer prática para se tornar fluente.
[155] Algumas conclusões lógicas podem parecer contraintuitivas à primeira vista. Por exemplo, na lógica clássica, uma implicação (se... então...) é considerada verdadeira mesmo quando a premissa é falsa, independentemente da verdade da conclusão. Isso pode ser confuso para quem está começando.
[156] Enquanto os princípios básicos da lógica podem ser simples, os problemas e teoremas podem se tornar extremamente complexos à medida que se avança no estudo. A prova de alguns teoremas pode exigir um alto nível de habilidade e compreensão.

pensamento rígido[157], vieses cognitivos[158], diferentes sistemas lógicos[159], aplicações na vida real[160] etc.

Embora desafiadora, a lógica oferece ferramentas poderosas para a análise e compreensão de argumentos, decisões e sistemas complexos. E, como qualquer habilidade, a proficiência em lógica pode ser desenvolvida com estudo, prática e persistência. Nesse sentido, existem inúmeros testes de lógica online, como os que podem ser acessados pelos QRcodes da figura 9.7.

Figura 9.7 – QRcodes de acesso a testes de lógica online, disponíveis respectivamente em: https://www.todamateria.com.br/raciocinio-logico-exercicios/ , https://www.todacarreira.com/questoes-raciocinio-logico/ e https://www.todamateria.com.br/teste-de-raciocinio-logico/

RETÓRICA

A retórica[161] juntamente com a gramática e a lógica compõem as três artes antigas do discurso que se complementam para estruturar a **linguagem**: a lógica se ocupa da validade dos argumentos; a gramática diz respeito às regras e estruturas que governam a língua; e a retórica se concentra em como as palavras e os

---

157 A lógica exige um pensamento rigoroso e preciso. Pequenos erros em um argumento ou prova podem invalidar toda a conclusão. Essa precisão pode ser exaustiva.
158 Os seres humanos são suscetíveis a vários vieses cognitivos que podem interferir no pensamento lógico. Por exemplo, pode haver uma tendência a acreditar em algo porque é confortável ou familiar, em vez de porque é logicamente válido. Discutiremos a superação dos vieses cognitivos a seguir, como um dos pilares do pensamento crítico.
159 Existem vários sistemas lógicos (lógica clássica, lógica intuicionista, lógica modal, entre outros), cada um com suas próprias regras e axiomas. Dominar um não garante automaticamente a proficiência nos outros.
160 Muitas vezes, as situações do mundo real são mais matizadas e complexas do que os cenários idealizados discutidos nos estudos lógicos. Isso pode fazer com que a lógica pareça desconectada da realidade ou menos útil do que realmente é.
161 As três artes antigas do discurso – retórica, gramática e lógica –, denominadas trivium, são um subconjunto das Sete Artes Liberais da Antiguidade, que compreendiam também as quatro artes do quadrivium (astronomia, aritmética, geometria e música). Mais informações em https://en.wikipedia.org/wiki/Rhetoric

argumentos são usados para **influenciar**, **cativar** e **convencer** um determinado público. A retórica, portanto, é conhecida também como a arte da **persuasão**.

Para ser bem-sucedida, a persuasão retórica precisa se fundamentar com argumentos lógicos e evidências convincentes. Portanto, **argumentação** e **retórica** estão interligadas para alcançar uma comunicação persuasiva eficaz, desempenhando papéis importantes em várias áreas do conhecimento, incluindo filosofia, matemática, comunicação, direito, política e muitos outros.

A relação simbiótica entre **retórica** e a **argumentação** funciona como uma **fogueira**, de forma que a argumentação é o fogo, e a retórica é a lenha que faz o fogo aparecer. A argumentação não consegue se revelar sem a retórica, da mesma forma que o fogo não se manifesta sem a lenha. A retórica, por sua vez, como a lenha que sem o fogo não gera fogueira, se torna vazia[162], manipulativa[163] ou exclusivamente estilística[164] sem a argumentação.

Para ilustrar a interdependência entre retórica e argumentação, apresentamos na tabela da figura 9.8 três exemplos de variações de combinações entre retórica e argumentação para uma mesma afirmação.

---

[162] Estratégias de persuasão vazias (discursos que se concentram apenas na retórica superficial, como o uso de figuras de linguagem, sem fornecer um argumento substancial para apoiar sua posição) ou discurso vazio de conteúdo (caso de discursos eloquentes, mas que carecem de conteúdo substancial ou argumentação sólida. Isso é muitas vezes chamado de "retórica vazia" ou "retórica oca").
[163] Manipulação emocional é o uso das técnicas retóricas para apelar às emoções do público sem apresentar argumentos racionais sólidos. Isso é comum em discursos políticos ou publicitários que buscam criar uma conexão emocional com o público, sem apresentar argumentos ou fundamentações.
[164] Oratória exclusivamente estilística é quando a retórica pode ser usada principalmente para criar um efeito estilístico ou artístico, sem necessariamente apresentar argumentos robustos, por exemplo em certos contextos como cerimônias formais ou entretenimento.

Afirmação: **"TODOS DEVERIAM ADOTAR UM ESTILO DE VIDA MAIS SUSTENTÁVEL."**

VARIAÇÃO	RETÓRICA	ARGUMENTAÇÃO
1	"Para garantir um futuro brilhante para nossos filhos e netos, todos nós devemos adotar um estilo de vida mais sustentável. O planeta é nossa casa, e é nosso dever protegê-lo."	Estilos de vida insustentáveis levam à degradação ambiental. Mudança climática é causada pela atividade humana. Práticas sustentáveis reduzem nossa pegada ecológica.
2	"Nossa Terra é um presente precioso que nos foi dado. Se quisermos que as gerações futuras desfrutem de suas maravilhas, todos nós precisamos adotar um estilo de vida mais sustentável agora."	Recursos naturais são finitos. Perda de biodiversidade ameaça ecossistemas. Investir em energia renovável cria empregos.
3	"Imagine um mundo onde o ar é puro, os oceanos estão limpos e a natureza floresce em harmonia. Esse sonho pode se tornar realidade se todos nós adotarmos um estilo de vida mais sustentável."	Poluição do ar relacionada a problemas de saúde. Oceanos estão se tornando mais ácidos. Comunidades sustentáveis são mais resilientes.

Figura 9.8 – Exemplos de possíveis variações de retórica e argumentação para uma mesma afirmação.

Aristóteles, filósofo grego e um dos retóricos mais influentes da antiguidade, classificou os recursos retóricos em três categorias principais, conhecidas como os "modos de persuasão". São eles: ethos, pathos e logos (figura 9.9).

ETHOS	PATHOS	LOGOS
credibilidade	emoção	lógica
Estabelece credenciais.	Inspira uma resposta emocional.	Argumenta com base em razão e evidências.
Faz o seu público confiar em você.	Faz o seu público sentir.	Faz o seu público pensar.

Figura 9.9 – Modos de persuasão da retórica.

Ethos (caráter) refere-se à credibilidade ou caráter do orador. Aristóteles acreditava que a confiança do público no orador é crucial para a persuasão. Ethos é estabelecido mostrando conhecimento, experiência, honestidade e boa intenção. Um orador com forte ethos é visto como confiável e respeitável, o que torna sua argumentação mais persuasiva.

Pathos (emoção) envolve apelar para as emoções do público. Aristóteles entendia que as emoções têm um papel significativo na tomada de decisões. Ao despertar sentimentos como compaixão, medo, raiva, ou alegria, o orador pode influenciar as atitudes e ações do público. Pathos é frequentemente alcançado por meio do uso de histórias, metáforas, linguagem emotiva e exemplos vívidos.

Logos (lógica) refere-se ao uso da lógica e da razão para persuadir. Isso inclui a apresentação de fatos, estatísticas, argumentos lógicos e evidências para apoiar o ponto de vista do orador. Uma argumentação bem fundamentada e lógica pode convencer o público da validade das afirmações do orador.

Além desses três modos principais de persuasão, Aristóteles também enfatizava a importância da **kairos**, que é o timing e a oportunidade. Isso envolve escolher o momento certo para fazer um argumento e adaptar a mensagem às circunstâncias específicas.

A tabela da figura 9.10 apresenta exemplos ilustrativos de uso dos recursos retóricos ethos, pathos e logos.

MODO DE PERSUASÃO	SITUAÇÃO	EXEMPLO
ETHOS (caráter)	Uma médica falando sobre a importância da vacinação em uma conferência.	"Como médica com mais de 20 anos de experiência no campo da imunologia, e tendo trabalhado diretamente com a formulação de vacinas, posso assegurar-lhes que a vacinação é um método seguro e eficaz para prevenir doenças graves. Minha dedicação à saúde pública tem sido a força motriz do meu trabalho."
PATHOS (emoção)	Um ativista ambiental discursando em um evento sobre as mudanças climáticas.	"Imagine o mundo que estamos deixando para nossos filhos se não agirmos agora. Um mundo onde as praias que amamos desaparecem, onde incêndios florestais consomem casas e sonhos, e onde as espécies que encantam nossos corações se extinguem para sempre. Podemos sentir a dor dessas perdas e devemos canalizar essa emoção para ação imediata."

LOGOS (lógica)	Um economista apresentando um novo plano econômico.	"De acordo com a análise de dados dos últimos dez anos, há uma correlação direta entre o investimento em educação e o crescimento econômico. Países que aumentaram os gastos em educação em 5% viram um crescimento do PIB de pelo menos 2% no ano seguinte. Portanto, nosso plano propõe aumentar o orçamento da educação como um investimento estratégico para estimular a economia."

Figura 9.10 – Exemplos de uso dos modos de persuasão da retórica: ethos, páthos e logos. Fonte: elaborada pela autora

Esses recursos retóricos fornecidos por Aristóteles são essenciais na arte da persuasão e continuam sendo amplamente estudados e aplicados na retórica contemporânea. Eles fazem parte dos cinco elementos estruturais[165] que fundamentam o discurso, conhecidos como os cinco cânones da retórica: invenção (*inventio*), arranjo (*dispositio*), estilo (*elocutio*), memória (*memoria*) e entrega (*pronuntiatio* ou *actio*).

- **INVENÇÃO** (ethos, pathos e logos) é o processo de desenvolver argumentos. Envolve a seleção e organização de ideias, fatos e argumentos para persuadir o público. Aqui, o orador ou escritor decide sobre o que falar, coleta informações e exemplos relevantes e estabelece os principais pontos a serem discutidos.

- **ARRANJO** refere-se à organização e estruturação do discurso ou texto. Isso inclui a decisão sobre como apresentar a argumentação, a ordem dos pontos a serem discutidos e a divisão em introdução, corpo e conclusão. Uma boa disposição ajuda a garantir que a mensagem seja transmitida de forma clara e lógica.

---

[165] https://pt.wikipedia.org/wiki/Ret%C3%B3rica

- **Estilo** é a escolha de palavras, estilo e ornamentos retóricos (como metáforas, analogias, alusões etc.) para tornar o discurso ou texto mais persuasivo, atraente e memorável. A elocução envolve o uso eficaz da linguagem para impactar o público emocional e intelectualmente.

- **Memória** tradicionalmente referia-se à memorização do discurso. No contexto moderno, pode ser interpretado como a familiarização profunda com o conteúdo, de modo que o orador ou escritor possa apresentá-lo com confiança e sem depender inteiramente de notas ou roteiros.

- **Entrega** refere-se à entrega do discurso. Inclui aspectos como tom de voz, entonação, ritmo, linguagem corporal, contato visual e uso de gestos. Uma boa pronúncia ajuda a transmitir emoção, ênfase e convicção.

A **estrutura linguística** do discurso é definida pela invenção, arranjo e estilo, enquanto a **expressão oral** do discurso é trabalhada na memória e entrega.

Para ser eficiente, os modos de persuasão e os elementos estruturais da retórica devem levar em consideração as características do **público**, do **contexto** e do **meio** de comunicação usado na mensagem. Para exemplificar como esses elementos podem ser estruturados em função do público, apresentamos na tabela da figura 9.11 exemplos de variações retóricas para o tema "preservação ambiental", considerando a mensagem para crianças ou adultos.

Aqui está a tabela textual com os exemplos de variação de meios de persuasão e estruturação dos cinco cânones da retórica para o tema "Preservação Ambiental", adaptados para crianças e adultos:

CÂNONE DA RETÓRICA	PARA CRIANÇAS	PARA ADULTOS
INVENÇÃO	Ethos: "Sou o Guardião da Floresta e estou aqui para compartilhar histórias sobre como cuidar do nosso planeta. Pathos: "Vocês sabem como os animais ficam tristes quando suas casas nas florestas são destruídas? Vamos ajudá-los a sorrir novamente!" Logos: "Quando jogamos lixo no chão, ele pode ir parar nos rios e fazer mal aos peixes. Jogar o lixo na lixeira ajuda a manter os peixes felizes e saudáveis."	Ethos: "Como cientista ambiental com anos de experiência, estou aqui para discutir soluções práticas para a preservação ambiental." Pathos: "Pensem nas futuras gerações; que tipo de planeta queremos deixar para nossos filhos?" Logos: "Estudos mostram que a redução de emissões de carbono pode diminuir significativamente o impacto das mudanças climáticas."
ARRANJO	Introdução: conto interativo sobre uma floresta encantada. Argumento: uso de exemplos simples e visuais, como a importância de reciclar e plantar árvores. Conclusão: apelo emocional para cuidar da natureza, com a promessa de um futuro mais verde.	Introdução: apresentação de dados sobre a atual crise ambiental. Argumento: discussão detalhada sobre práticas sustentáveis e políticas ambientais. Conclusão: chamada à ação baseada em responsabilidade e urgência.
ESTILO	Linguagem simples e envolvente. Uso de rimas, repetições e analogias fáceis de entender. Ilustrações coloridas e personagens animados.	Linguagem formal e informativa. Uso de dados, gráficos e estatísticas para reforçar argumentos. Citações de especialistas e estudos relevantes.

MEMÓRIA	Canções sobre a natureza e jogos interativos para reforçar as mensagens. Uso de mascotes ou personagens para criar associações memoráveis.	Fornecimento de folhetos informativos ou links para recursos online. Repetição de mensagens-chave e conclusões de estudos.
ENTREGA	Tom de voz animado e expressões faciais exageradas. Uso de gestos dramáticos e recursos visuais como fantoches ou *slides* coloridos.	Tom de voz sério e profissional. Uso de apresentações de *slides* e talvez um vídeo impactante. Postura confiante e contato visual com o público.

Figura 9.11 – Exemplos de uso dos cânones da retórica para o tema "Preservação Ambiental", considerando dois tipos distintos de públicos: crianças e adultos.

Juntos, portanto, esses elementos formam a base sobre a qual a retórica eficaz é construída, permitindo que oradores e escritores comuniquem suas ideias de maneira persuasiva e impactante.

Em suma, lógica, argumentação e retórica são fundamentos indispensáveis para a persuasão racional que dá vida ao pensamento crítico. A educação, treinamento e prática contínua são as melhores formas de aprimorá-las para pensarmos melhor.

SUPERAÇÃO DE VIESES COGNITIVOS

Entre os principais desafios para se conseguir pensar criticamente estão os vieses cognitivos[166], que são desvios sistemáticos de racionalidade e lógica que acontecem no sistema cognitivo durante

---

166 Os vieses cognitivos foram inicialmente identificados e explorados pelos psicólogos Daniel Kahneman e Amos Tversky nas décadas de 1960 e 1970. Por meio de sua pesquisa, eles descobriram que os seres humanos frequentemente tomam decisões e julgamentos que desviam das previsões da teoria econômica clássica e da lógica estatística. Kahneman e Tversky, junto com outros pesquisadores que seguiram seus passos, identificaram vários vieses cognitivos que afetam a maneira como tomamos decisões e percebemos o mundo ao nosso redor. Esses insights não apenas desafiaram as noções existentes sobre racionalidade humana na economia e em outras disciplinas, mas também abriram novos caminhos em áreas como a economia comportamental, a psicologia cognitiva e as ciências da decisão. Daniel Kahneman foi agraciado com o Prêmio Nobel de Economia em 2002 por seu trabalho pioneiro nesta área.

o processamento e interpretação de informações. Eles podem ser particularmente perigosos porque, muitas vezes, não percebemos que existem, e, assim, atuam como um inimigo invisível e poderoso dentro de nós, contaminando e enviesando a nossa percepção e julgamento, prejudicando, consequentemente, o pensamento crítico.

Tomando consciência do processo de enviesamento e seu funcionamento, podemos dizer que um viés cognitivo atua como um "**atalho**" que a nossa mente usa para tomar decisões ou formar julgamentos de maneira mais rápida. Esses atalhos normalmente são utilizados porque o nosso cérebro está tentando **simplificar** as informações processadas, **economizar energia** cognitiva ou se **adaptar** a mudanças no ambiente. No entanto, apesar de buscarem facilitar a tomada de decisão e a navegação em um mundo complexo, nesse processamento, os vieses cognitivos podem nos levar a **conclusões imprecisas ou irracionais**, nos desviando do pensamento lógico e racional, resultando em erros. O equilíbrio, portanto, está em **reconhecer e gerenciar esses vieses**, aplicando a objetividade quando possível e permitindo o fluxo natural do viés quando apropriado e benéfico para o contexto em questão.

Por isso, um dos pilares do pensamento crítico é a busca constante em tentar **superar os vieses cognitivos** – tanto os conscientes quanto os inconscientes – que prejudicam a neutralidade, o respeito e a persuasão racional baseada em fatos e evidências, não permitindo distorções enviesadas. No entanto, combater ou mitigar os vieses cognitivos é uma tarefa desafiadora devido à sua natureza intrínseca e automática da cognição humana. Como todos nós somos naturalmente enviesados, precisamos encontrar **métodos que vão além da nossa própria cognição** para conseguirmos combater esses vieses. Esses métodos incluem:

- **Consciência dos vieses** – conhecer os vieses cognitivos e como as suas manifestações afetam o pensamento e a tomada de decisão é o primeiro passo para combatê-los.

- **Prática de pensamento crítico** – a superação dos vieses cognitivos, da mesma forma que os demais pilares do pensamento crítico, o impactam e são impactados por ele. Portanto, a prática do pensamento crítico combate os vieses cognitivos, cuja superação depende do pensamento crítico.

- **Exposição à diversidade** – quanto maior a diversidade de um grupo de pessoas, maior a quantidade de pontos de vistas distintos, fontes de informações diversas e experiências variadas compartilhadas e confrontadas, criando um ambiente que, além de favorecer a identificação de vieses, desafia também a conformidade de pensamentos. Isso tende a beneficiar o pensamento crítico e, consequentemente, a performance em times diversos[167]. Estudos apontam que organizações com diversidade têm fluxos financeiros duas vezes e meia mais altos por colaborador e times inclusivos são mais produtivos em mais de 35%[168].

- **Feedback e escuta ativa** – buscar genuinamente o feedback, abrir-se a críticas construtivas e disposição para ajustar crenças e decisões com base em novas informações ajudam a identificar e combater vieses.

- **Desaceleração do pensamento** – evitar tomar decisões apressadas e impulsivas, pois os vieses cognitivos muitas vezes se manifestam devido à aceleração do processo do pensamento. Por isso, uma das formas de combatê-los é tomar mais tempo para refletir antes de tomar decisões.

---

167 Ver https://www.mckinsey.com/featured-insights/diversity-and-inclusion/diversity-wins-how-inclusion-matters

168 Estudo disponível em: https://www.globenewswire.com/news-release/2022/08/09/2494604/0/en/Diversity-and-Inclusion-D-I-Global-Market-Report-2022-Diverse-Companies-Earn-2-5-Times-Higher-Cash-Flow-Per-Employee-and-Inclusive-Teams-Are-More-Productive-by-Over-35.html

- **Verificação de fatos** – a postura cética de verificação da validade, adequação e precisão das informações, cruzando-as utilizando várias fontes confiáveis, está na raiz do pensamento crítico e é uma das principais formas de buscar a superação dos vieses cognitivos em qualquer contexto.

- **Repertório** – a ampliação do conhecimento é um dos métodos naturais de se verificar fatos e informações, pois quanto maior o repertório adquirido, mais facilmente conseguimos detectar discrepâncias e desvios de pensamento. O repertório se expande e enriquece também pela contribuição da diversidade.

- **Mente Aberta** – o esforço cético para não se apegar rigidamente a crenças e estar aberto a novas ideias e evidências também está na base do pensamento crítico, favorecendo o combate a vieses.

- **Desenvolvimento de Habilidades Socioemocionais** – quando desenvolvidas e aplicadas de maneira eficaz, as habilidades socioemocionais servem como ferramentas valiosas para reduzir o impacto dos vieses cognitivos, pois elas promovem uma integração equilibrada entre emoção e razão, permitindo uma tomada de decisão mais ponderada, inclusiva e objetiva.

Existem mais de 180 vieses cognitivos[169] identificados, que afetam a maneira como percebemos e interpretamos o mundo ao nosso redor. Eles podem estar associados a tentativas de simplificar ou acelerar o processamento cognitivo em diversas necessidades, como: memória (o que devo lembrar), obtenção de informação (o que devo processar), significado (como extrair sentido), velocidade (como agir rápido), como ilustrado na figura 9.12.

---

169 https://en.wikipedia.org/wiki/List_of_cognitive_biases

VIESES COGNITIVOS

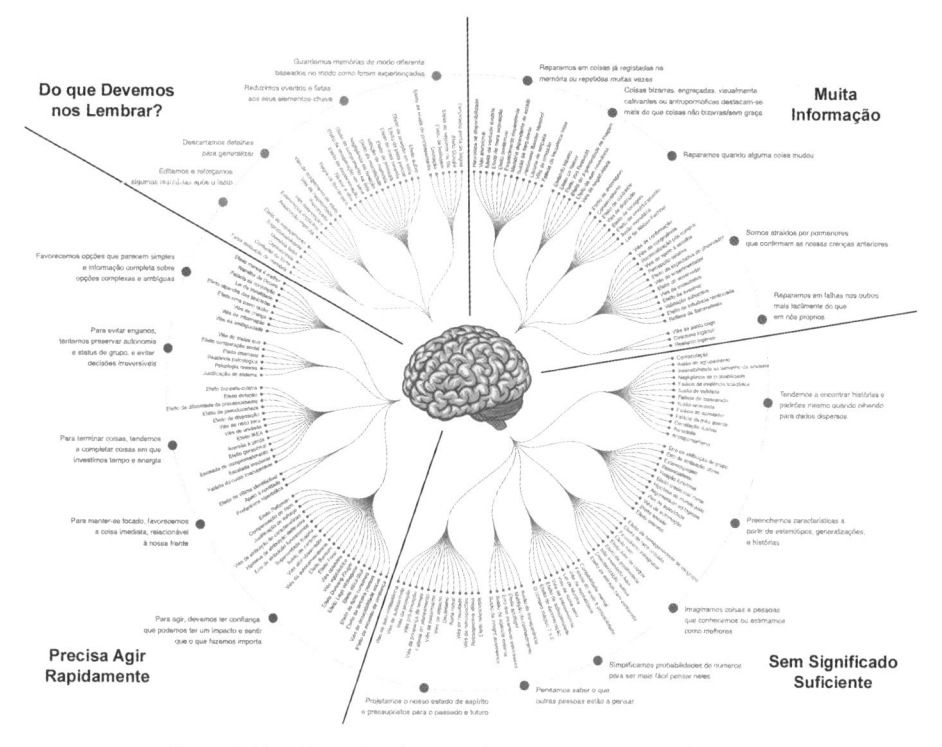

Figura 9.12 – Mapa classificatório dos vieses cognitivos, adaptado e traduzido livremente do original, criado por John Manoogian III, disponível em: https://commons.wikimedia.org/w/index.php?curid=69756809

Apesar de todos os vieses cognitivos terem potencial para afetar o pensamento crítico, eles não são todos iguais em termos do **risco que oferecem**; o impacto específico e a magnitude desse impacto podem variar dependendo da **situação**. Por isso, o contexto é crucial, pois um viés que é particularmente prejudicial em um cenário pode ser menos relevante, ou até mesmo útil, em outro. Nesse sentido, devido à subjetividade na análise desses impactos e à sua dependência de contexto, é importante que cada situação seja analisada criteriosamente para verificar como os vieses cognitivos podem afetá-la, quais tendem a ser mais prejudiciais, e como mitigar os seus efeitos.

Para ilustrar como alguns vieses cognitivos impactam mais do que outros em determinadas situações do pensamento crítico, apresentamos na figura 9.13 alguns exemplos de contextos e vieses relacionados, cujos impactos podem ser significativos.

SITUAÇÃO DE IMPACTO	VIESES COGNITIVOS
JULGAMENTO E DECISÃO	**Viés da confirmação:** tendência a buscar e interpretar preferencialmente informações que confirmem as crenças ou hipóteses que já possuímos, enquanto ignora dados contrários **Viés da disponibilidade:** a tendência de supervalorizar e tomar decisões com base em informações mais recentes ou memoráveis, mesmo que não sejam as mais relevantes.
RELAÇÕES E INTERAÇÕES SOCIAIS	**Viés da afinidade:** a predisposição para favorecer e concordar com pessoas que percebemos como semelhantes a nós, seja em aparência, crenças ou comportamentos. **Viés do grupo:** a tendência de seguir a opinião ou comportamento da maioria de um grupo, muitas vezes suprimindo a própria perspectiva em favor da conformidade.
PERCEPÇÃO DE CAPACIDADE E HABILIDADE	**Efeito Dunning-Kruger:** fenômeno em que indivíduos com habilidades limitadas em um domínio superestimam significativamente sua competência, enquanto aqueles altamente qualificados tendem a subestimar sua proficiência. **Viés de autoeficácia:** a crença, muitas vezes irracional, na própria habilidade de concluir tarefas ou enfrentar desafios, independentemente da habilidade real.
AVALIAÇÃO DE INFORMAÇÕES	**Viés da ancoragem:** a tendência de confiar fortemente na primeira peça de informação encontrada (a "âncora") ao tomar decisões, mesmo quando dados susequentes sugerem outra ação. **Viés do *status quo*:** a resistência a mudanças, preferindo manter as coisas como estão, muitas vezes porque a mudança é percebida como mais arriscada do que a continuação.
AVALIAÇÃO DE RISCOS	**Viés do otimismo:** a predisposição para acreditar que somos mais propensos a experienciar eventos positivos e menos propensos a experienciar eventos negativos do que nossos pares. **Viés do pessimismo:** a inclinação para esperar o pior, acreditando que coisas ruins são mais prováveis de acontecer do que realmente são.

MEMÓRIA E RECUPERAÇÃO DE INFORMAÇÕES	**Viés da retrospectiva:** a tendência em acreditar erroneamente que, após um evento ter ocorrido, teríamos previsto ou esperado o resultado, mesmo que não fosse possível. **Viés da consistência:** a tendência em acreditar que somos mais consistentes em nossas atitudes, crenças, opiniões e afins do que realmente somos.
AVALIAÇÃO DE DESEMPENHO E HABILIDADES	**Efeito halo:** quando uma característica positiva de uma pessoa afeta nossa avaliação global dela, levando-nos a vê-la de forma mais positiva em geral. **Efeito chifre:** o oposto do viés do halo, onde uma característica negativa de uma pessoa afeta negativamente nossa avaliação global dela.
PERCEPÇÃO DO FUTURO E DO PASSADO	**Viés da projeção:** a tendência de acreditar que o futuro seja constituído das mesmas condições que o presente. **Viés do presentismo:** a prática de julgar eventos ou pessoas do passado com base nos padrões éticos e morais do presente.
QUANTIFICAÇÃO E AVALIAÇÃO DE DADOS	**Viés da sobrevivência:** a tendência de focar os "sobreviventes" de uma situação, ignorando aqueles que não se saíram bem, o que pode levar a uma compreensão distorcida das causas do problema. **Viés da seleção:** a tendência de dar atenção ou prioridade a um conjunto específico de dados enquanto negligencia outros que podem ser igualmente ou mais relevantes, mas que eventualmente não estejam disponíveis ou sejam mais difíceis de acessar.
ABERTURA A NOVAS EXPERIÊNCIAS	**Viés do custo afundado:** a tendência de tomar decisões baseando-se nas perdas ocorridas previamente, em vez de avaliar a situação atual. **Viés da novidade:** a predisposição em acreditar que novidades ou mudanças são melhores, negligenciando a análise de opções preexistentes que possam ser igualmente boas ou melhores.

Figura 9.13 – Tabela de exemplos de alguns impactos dos vieses cognitivos em situações que afetam o pensamento crítico.

Assim, para buscarmos a superação dos vieses cognitivos, precisamos, antes, conhecê-los, entender como funcionam os riscos potenciais em cada contexto e compreender também como mudam ao longo do tempo. Vejamos.

Os vieses cognitivos se desenvolveram em nossos antepassados para permitir decisões rápidas em ambientes incertos ou perigosos. Assim, eles não devem ser vistos apenas como "erros" de pensamento, mas entendidos também como **resquícios evolutivos da nossa cognição**. Em sua maioria, os vieses cognitivos são padrões automáticos de pensamento que se desenvolveram ao longo de milhares de anos de evolução humana, se enraizando nas estruturas e funções cerebrais. Por isso, os vieses preexistentes tendem a persistir, mesmo nos contextos em que, eventualmente, não sejam mais necessários. No entanto, enquanto essa mudança no nível evolutivo é lenta, a mudança cultural ou tecnológica pode ser rápida.

À medida que os ambientes mudam (como urbanização, mudanças globais, novos tipos de trabalho), os vieses que eram adaptativos em um ambiente anterior podem se tornar mal-adaptativos em outro. Por exemplo, o viés da disponibilidade (que nos faz dar mais peso a informações recentes ou memoráveis) pode ter sido útil em um ambiente selvagem, onde era crucial se lembrar rapidamente de perigos recentes, mas esse viés torna-se prejudicial em ambientes que não apresentam esse tipo de perigo, como os atuais.

De modo geral, os vieses cognitivos evoluem de acordo com as **pressões evolutivas**, **influências culturais**, avanços na

compreensão e desenvolvimento humano[170] e mudanças no **ambiente**. No entanto, por trás desses fatores existe um elemento predominante: a **tecnologia**. Ela tem gerado pressões evolutivas, influências culturais, impactado a compreensão e desenvolvimento humano, além de ser o principal vetor de aceleração das mudanças no ambiente. Portanto, a tecnologia tem papel significativo na transformação de vieses. Nesse sentido, ela pode ser um elemento que tanto 1) causa o surgimento de novos vieses cognitivos; ou 2) intensifica vieses preexistentes; ou 3) ajuda a mitigar vieses preexistentes.

O **viés da confirmação**[171], por exemplo, tende a ser **intensificado** pelas tecnologias digitais de informação, pois apesar da provável existência de uma infinidade de "informações" online contrárias a uma determinada crença, existe também uma vastidão de "informações" que a confirmam. O grande volume de "evidências" a favor de uma crença pode ampliar a ilusão equivocada de uma ampla fundamentação para decisão, quando na realidade foi negligenciada uma enorme quantidade de evidências contra ela. O autodiagnóstico de saúde é um desses contextos impactados pela intensificação do viés da confirmação – as pessoas leem sobre uma doença na internet e passam a acreditar que possuem todos

---

170 Ao longo do tempo, os fatores "influências culturais" e "avanços na compreensão e desenvolvimento humano" se impactam mutuamente na relação "**Indivíduos vs. Sociedade**" — enquanto indivíduos podem trabalhar para superar os seus vieses, as estruturas da sociedade podem reforçá-los, como é o caso de culturas que valorizam determinados comportamentos ou crenças, reforçando, assim, os vieses associados a eles, mesmo que os indivíduos estejam tentando combatê-los. Por outro lado, quando uma cultura se transforma na direção de um trabalho conjunto para superar um determinado viés, ela se torna um vetor de mudança influenciando os indivíduos para se transformarem também. Um exemplo de **cultura que reforça vieses** é a cultura do patriarcado em muitas sociedades ao redor do mundo, distorcida com a crença de que homens são naturalmente mais adequados para cargos de liderança e que certas profissões são mais masculinas ou femininas. Nesse caso, mesmo que indivíduos reconheçam e desafiem esses vieses de gênero, o ambiente cultural dominante pode tornar difícil a superação completa dessas noções preconcebidas. No caso de a **cultura favorecer o combate a vieses**, podemos citar a cultura escandinava, que tem feito esforços significativos para combater vieses, por meio de enfatizar a igualdade de gênero em várias esferas, desde políticas de licença parental até iniciativas educacionais. Nesse tipo de cultura, os indivíduos enviesados são influenciados para combater esses vieses.
171 Tendência do nosso cérebro em dar mais atenção às informações que confirmam as nossas crenças existentes, enquanto ignora dados que as contrariam. Dessa forma, apesar de as evidências contrárias estarem disponíveis, elas não são consideradas no processo de pensamento, desviando-o do caminho racional e lógico que deveria tomar.

os sintomas. Mesmo que médicos constatem que a pessoa não está doente, ela continua pesquisando online e dando mais crédito a fontes que confirmem o seu autodiagnóstico, enquanto desconsidera informações médicas profissionais que o contradizem.

O "**Google Effect**"[172] é um exemplo recente de como a tecnologia pode gerar **novos vieses cognitivos**. Identificado em 2011, após o surgimento das ferramentas de busca na internet, esse viés de memória se refere à tendência de as pessoas esquecerem informações que acreditam poder encontrar facilmente online, usando buscadores como o Google. A ideia é que o nosso cérebro usa a internet como uma forma de "memória externa", sabendo que podemos usar a tecnologia para acessar informações a qualquer momento, e por isso não precisamos lembrar detalhes específicos, mas apenas onde encontrar a informação. Isso é uma demonstração interessante de como a nossa memória se adapta à tecnologia que emerge, não significando em si algo necessariamente negativo ou prejudicial. No entanto, esse viés pode afetar o pensamento crítico de inúmeras formas, por exemplo, a confiança excessiva na tecnologia resultando em tomada de decisão baseada em informações incorretas ou não verificadas.

Outro viés que vale a pena discutir aqui é o **Dunning-Kruger**[173], não só pelo fato de ele também se **intensificar** com a ascensão das tecnologias digitais, mas também, e principalmente, devido ao grande impacto que os seus efeitos combinados com os decorrentes do **viés da confirmação** e do **Google Effect**, têm causado, de forma prejudicial, no **pensamento crítico geral da sociedade**[174].

---

172 Esse viés foi descrito num estudo publicado por Betsy Sparrow, Jenny Liu e Daniel M. Wegner.
173 https://en.wikipedia.org/wiki/Dunning%E2%80%93Kruger_effect
174 https://medium.com/discourse/the-dunning-kruger-effect-explains-why-society-is-so-screwed-up-1432aca90aa8

O efeito Dunning-Kruger refere-se à tendência de indivíduos a **julgar mal o seu conhecimento e habilidades**, de modo que pessoas com baixo conhecimento ou habilidade em um determinado assunto tendem a superestimarem a própria competência, enquanto, paradoxalmente, pessoas com alta competência tendem a subestimar a sua capacidade ou expertise (figura 9.14).

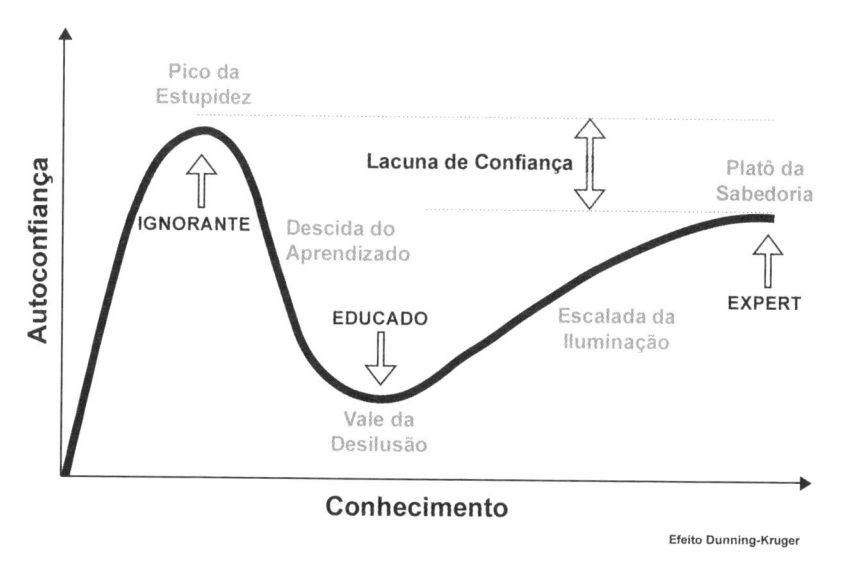

Figura 9.14– Representação gráfica do efeito Dunning-Kruger. Fonte: imagem adaptada pela autora a partir das imagens originais em https://en.wikipedia.org/wiki/File:Dunning%E2%80%93Kruger_Effect_01.svg e https://medium.com/geekculture/dunning-kruger-effect-and-journey-of-a-software-engineer-a35f2ff18f1a

Imagine alguém aprendendo a tocar violão. Nos primeiros dias, depois de aprender alguns acordes simples, a pessoa pode pensar: "Isso não é tão difícil, eu sou boa nisso!". Essa é a fase inicial, em que a confiança é alta, mas a habilidade real é baixa (indivíduo **ignorante**, no **pico da estupidez** – ver figura 8.8). No entanto, conforme essa pessoa avança nos estudos e começa a perceber a profundidade e complexidade da música (**descida do aprendizado**), ela tende a se sentir menos confiante, mesmo tendo melhorado significativamente suas habilidades. Isso acontece porque ela agora tem mais consciência de que existe muito que ela não sabe (indivíduo **educado, vale da desilusão**). Com a prática contínua ao longo do tempo, a pessoa vai ganhando expertise e ampliando consciente e gradativamente conhecimento na área (**escalada da iluminação**), para eventualmente atingir o **platô da sabedoria**, tornando-se uma violonista **expert**.

No processo, quanto mais a pessoa avança em conhecimento, mais descobre ramificações e possibilidades que ela não conhece, ampliando a consciência sobre o que **ela sabe que sabe**, sobre aquilo que ela **sabe que não sabe**, além, principalmente, da existência de uma infinidade de coisas que **ela provavelmente não sabe que não sabe**. Na tabela da figura 9.15, fazemos uma análise da relação entre a consciência do conhecimento (ou habilidade) e a sua existência.

	CONHECIMENTO / HABILIDADE que EU POSSUO	CONHECIMENTO / HABILIDADE que EU NÃO POSSUO
EU SEI que existe (consciente)	Conhecimento **disponível** – pronto para uso	Conhecimento **mapeado** – consciência daquilo que **posso aprender**
EU NÃO SEI que existe (ignorante)	Conhecimento **inconsciente** – potencial oculto	Conhecimento **desconhecido** – desconhecimento daquilo que posso aprender

Figura 9.15– Tabela da consciência de competências, analisando a relação entre a consciência do conhecimento ou habilidade e a sua existência.

A consciência sobre a ignorância perante aquilo que "não sabemos que não sabemos" tende a diminuir a nossa autoconfiança, mesmo quando se sabe muito sobre o assunto. Daí o paradoxo do efeito Dunning-Kruger, em que pessoas com alta competência tendem a subestimar a suas capacidades ou expertises. Nesse sentido, apesar de ter sido oficialmente reconhecido como um viés recentemente, em 1999[175], o fenômeno cognitivo Dunning-Kruger já havia sido identificado na Antiguidade, por Sócrates, dando origem à sua célebre frase: "Só sei que nada sei"[176].

Um aspecto importante do efeito Dunning-Kruger é que ele oferece riscos e impactos diferentes dependendo do contexto. Por exemplo, não ter consciência da falta de habilidade para cantar, performando mal em um karaokê, pode não causar grandes danos. Entretanto, em outros tipos de ambientes, o impacto de julgar erroneamente as próprias habilidades pode trazer riscos significativos em nossas vidas e nas dos outros. O viés Dunning-Kruger se torna especialmente prejudicial em cenários mais **complexos**, pois, nesse tipo de ambiente, não conseguimos facilmente identificar relações de **causalidade** entre elementos. Isso pode fazer com que negligenciemos fatos aparentemente irrelevantes ou de pequena importância, mas que podem desencadear acontecimentos e consequências que causem um grande impacto[177]. Portanto, superestimar competências e habilidades nessas situações oferece riscos consideráveis de fracasso. Um exemplo ilustrativo disso é a área de criptomoedas – por ser um assunto complexo (envolvendo finanças, investimentos, tecnologia etc.), deveria ser estudado, avaliado e aprofundado antes de qualquer investimento. No entanto, influenciadas apenas pelo hype na mídia, muitas pessoas passam a acreditar que já sabem muito sobre o assunto e

---

[175] https://en.wikipedia.org/wiki/Dunning%E2%80%93Kruger_effect
[176] A história dessa frase também está relacionada a uma passagem da obra *Apologia de Sócrates* de Platão, citada anteriormente. De acordo com a narrativa, o Oráculo de Delfos havia proclamado que ninguém era mais sábio do que Sócrates, que ficou perplexo com isso, pois ele proprio não acreditava ser particularmente sábio. Ele então começou a conversar com várias pessoas consideradas sábias em Atenas e descobriu que muitas delas acreditavam saber mais do que realmente sabiam. Por meio do seu método de questionamento, ele verificou a ignorância dessas pessoas e concluiu que, se ele era considerado sábio, era apenas porque ele reconhecia a própria ignorância, enquanto outros não. É nesse contexto que a frase "Só sei que nada sei" é frequentemente citada.
[177] Esse fenômeno em ambientes complexos é conhecido como Efeito Borboleta. Mais informações em: https://en.wikipedia.org/wiki/Butterfly_effect

investem em novas criptomoedas. As flutuações recorrentes e quedas abruptas no mercado de criptomoedas revelam a confiança excessiva em fontes não verificadas, que muitas das informações eram especulativas ou distorcidas por interesses alheios, resultando em perdas financeiras relevantes.

Portanto, quanto mais complexos forem os contextos (como investimentos financeiros, política, guerras, geopolítica etc.) ou áreas do conhecimento, mais necessários se tornam a **humildade**, o **ceticismo** e a decorrente **pesquisa fundamentada** para combater o efeito Dunning-Kruger. No entanto, infelizmente, com a disseminação das tecnologias digitais, a vastidão de conteúdos disponíveis na internet e as suas dinâmicas de propagação tendem a alimentar a **falsa ilusão do conhecimento**, intensificando não só o Dunning-Kruger, como também inúmeros outros vieses que prejudicam o pensamento crítico.

Um desses vieses é o **efeito halo**[178], que ocorre quando a impressão geral que temos sobre uma pessoa influencia como a percebemos em outras dimensões específicas. Em outras palavras, quando alguém é bom em uma área ou tem uma característica particularmente atraente, muitas vezes assumimos automaticamente que essa pessoa é competente ou possui qualidades positivas em outras áreas também. Esse efeito é particularmente acentuado com inundação de influenciadores digitais que temos experimentado nos últimos anos: vemos pessoas que eventualmente são boas apenas em influenciar sendo percebidas como experts em tudo devido ao efeito halo. Isso tem resultado em um fenômeno perigoso de generalização de ilusão de conhecimento, que alimenta o efeito Dunning-Kruger, ampliando a impacto prejudicial que ambos têm causado no pensamento crítico.

Some-se a isso a **mídia** e os **algoritmos de redes sociais**, que além de apresentar informações de forma fragmentada, dificultando

---

[178] https://en.wikipedia.org/wiki/Halo_effect

a sua análise, também tendem a reforçar opiniões existentes focando em aumentar o engajamento[179], não o pensamento crítico. Com isso, ao invés de humildade, ceticismo e pesquisa fundamentada, temos testemunhado o aumento de comportamentos opostos: **arrogância**, **ignorância** e **achismos**. Isso tem contribuído para o crescimento de alguns fenômenos sociais perigosos, como polarizações de opiniões[180], teorias da conspiração, *fake news*, negacionismo, pós-verdade, em todas as dimensões da vida – política, religião, saúde, educação etc.

No entanto, se, por um lado, vimos que a tecnologia pode intensificar ou causar o surgimento de novos vieses cognitivos, por outro, ela pode também **ajudar a combatê-los** e, nesse processo, **corrigir injustiças e salvar vidas**. Esse é o caso da identificação visual por testemunhas – pesquisas indicam que essa é, provavelmente, a forma mais persuasiva de evidências apresentadas em julgamentos, mas que também, muitas vezes, tem acurácia duvidosa[181]. A memória é suscetível a vieses cognitivos e erros, como esquecimento, mistura de detalhes e até a criação de falsas memórias. Um desses vieses é o **efeito de desinformações**: as pessoas acreditam que a sua memória é como uma fotografia registrada no cérebro, no entanto, cada vez que lembramos um episódio, na realidade estamos reconstruindo esse episódio na nossa memória e, nesse processo, somos sugestionados por outros e passamos a coletivamente criar memórias falsas. Após o surgimento dos testes de DNA, foi conduzido um estudo nos Estados Unidos para verificação de casos julgados anteriormente, que pudessem ser beneficiados pelo seu uso para validação dos veredicos. Testemunhos falsos

---

179 Os documentários *A Era dos Dados*, *Coded Bias* e *O Dilema das Redes* são excelentes fontes sobre o processo de enviesamento dos algoritmos.
180 A polarização de opiniões é um fenômeno em que as pessoas em um grupo ou sociedade tendem a se agrupar em torno de pontos de vista extremos, distanciando-se das posições moderadas ou centrais. Ela pode ser problemática porque tende a impedir discussões produtivas, dificultar o consenso e aumentar a hostilidade entre grupos diferentes.
181 https://nobaproject.com/modules/eyewitness-testimony-and-memory-biases

de identificação visual estavam envolvidos em pelo menos 75% dos casos que foram exonerados.[182]

Portanto, os vieses cognitivos são muitos, evoluem ao longo tempo, tendo na tecnologia um elemento que funciona tanto como criador e intensificador quanto mitigador. Nesse sentido, quanto mais tomarmos consciência da existência desses vieses, dos seus tipos e funcionamentos, maior a probabilidade de conseguirmos superá-los em contextos que são prejudiciais ao pensamento crítico. Assim, apesar de o estudo completo de todos vises ir além do escopo deste livro, sugerimos que ele seja realizado de forma complementar por meio de fontes adicionais.

VALORES

Valores são princípios ou padrões de comportamento que são considerados importantes ou desejáveis por um indivíduo, grupo ou sociedade. Eles atuam como **bússolas morais** e **éticas**, guiando as escolhas, ações e julgamentos das pessoas. Os valores podem incluir conceitos como honestidade, respeito, responsabilidade, justiça e compaixão, entre outros.

No contexto do pensamento crítico, os valores desempenham um papel crucial por várias razões:

- **FUNDAMENTAÇÃO ÉTICA** – os valores fornecem uma base ética para o pensamento crítico, ajudando a determinar não apenas o que é logicamente correto, mas também o que é ética e moralmente aceitável. (*Exemplo: um médico está decidindo entre dois tratamentos para um paciente. Um tratamento é mais barato, mas menos eficaz. O outro é caro, mas tem maior chance de sucesso. O médico usa o valor da "preservação da vida" como fundamento ético para escolher o tratamento mais eficaz, mesmo que seja mais caro.*)

---

[182] Garrett, B. L. (2011). *Convicting the innocent*. Cambridge, MA: Harvard University Press.

- **DIRECIONAMENTO DE ARGUMENTOS** – ao avaliar argumentos e evidências, é importante considerar os valores subjacentes. Isso ajuda a identificar possíveis preconceitos e a entender melhor as perspectivas dos outros. (*Exemplo: durante um debate sobre políticas ambientais, um participante argumenta fortemente contra a regulamentação da poluição, valorizando a "liberdade econômica". Outro participante argumenta a favor da regulamentação, priorizando o valor da "sustentabilidade ambiental". Reconhecer esses valores subjacentes ajuda a entender as motivações de cada argumento.*)

- **PROMOÇÃO DO DIÁLOGO CONSTRUTIVO** – o reconhecimento de valores compartilhados pode facilitar o diálogo e a compreensão mútua, especialmente em debates sobre questões polêmicas. (*Exemplo: em uma discussão sobre reforma educacional, educadores de diferentes perspectivas encontram um terreno comum no valor da "igualdade de oportunidades". Esse valor compartilhado ajuda a facilitar um diálogo construtivo e colaborativo, apesar de outras diferenças.*)

- **DESENVOLVIMENTO DE EMPATIA** - ao reconhecer e respeitar os valores dos outros, o pensamento crítico pode ser mais empático e inclusivo. (*Exemplo: um jornalista está reportando sobre um conflito em outra cultura. Ao reconhecer e respeitar os valores dessa cultura, como a "importância da comunidade" e "tradições locais", ele é capaz de apresentar uma reportagem mais equilibrada e empática.*)

Portanto, os valores são fundamentais no pensamento crítico, pois fornecem uma dimensão ética e humana essencial à análise racional e à tomada de decisões. Eles ajudam a garantir que o pensamento crítico seja não apenas lógico, mas também ético e socialmente responsável.

Devido à sua importância no direcionamento do pensamento crítico, os valores precisam ser **cuidadosamente selecionados** e pensados para que se tornem **faróis** de direcionamento e não **prisões** limitantes, como os vieses cognitivos. Quanto mais amplo e aberto for o nosso conjunto de valores e atitudes, **maior o alcance** do pensamento crítico. Assim, questionar e revisitar valores e atitudes para revalidá-los ou descartá-los são características importantes do pensamento crítico.

Pense, criticamente, logo exista, melhor, hoje e futuramente.

CAPÍTULO 10 | FUTURE READY INDEX

> *"O futuro já chegou. Só não está igualmente distribuído".*
> WILLIAM GIBSON

Este livro termina aqui, no primeiro dia do resto da sua vida. Espero que as discussões e reflexões que ele trouxe auxiliem a sua jornada para que você possa conquistar e conservar o seu estado *Future Ready*.

Após a leitura de cada página, avaliando a evolução do seu *Future Ready Index* ao longo dos capítulos, desejo que você tenha ampliado a sua visão, configurado e sintonizado os seus motores estratégicos com inovação e agilidade, e desenvolvido as habilidades que lhe permitirão construir o seu futuro com ambidestria e sustentabilidade.

Eu te desejo, assim, um *Future Ready Index* que seja cada vez mais próximo de 100%, para que, dessa forma, liderando o futuro, ele não simplesmente te aconteça, mas te favoreça.

Live long and prosper.[183]

---

[183] https://en.wikipedia.org/wiki/Vulcan_salute

CONTEÚDO EXTRA

Escaneie QR Code abaixo, preencha o formulário
e baixe um conteúdo extra gratuito produzido pela autora.

DVS EDITORA

www.dvseditora.com.br

Este livro foi composto nas tipologias FatCow, Futura Std e Nexa, e impresso em papel offset 75gr na Gráfica Viena.